Le 11 Septembre a-t-il eu lieu ?

MARC REISINGER

ISBN : 9781728824925

TABLE DES MATIÈRES

INTRODUCTION

I don't mind a reasonable amount of trouble

Humphrey Bogart, *Casablanca*

Je rassure ceux qui ont pris la peine d'ouvrir ce livre. Je ne doute d'aucun événement qui a eu lieu le 11 Septembre 2001 : un avion s'est écrasé sur le Pentagone, les tours du World Trade Center n'ont pas été frappées par des hologrammes...

Ma question apparemment saugrenue traduit le fait que l'événement éveille si peu d'intérêt médiatique aujourd'hui qu'il pourrait paraître oublié. J'ai été surpris de constater que les rayons des librairies ne contiennent plus d'ouvrages sur le 11 Septembre. Aucun essai sur ce sujet n'a été publié par un éditeur en français depuis 2012. La douzaine d'ouvrages publiés en français en 2011, pour le dixième anniversaire de l'événement, ont eu peu d'écho médiatique. La situation est analogue dans l'univers anglo-saxon, où aucun grand éditeur n'a publié de livre d'investigation sur le 11 Septembre. Le sujet est tombé dans les oubliettes, sorte de trou noir de l'information : soit il n'intéresse personne, soit il est maudit...

« C'est du passé » dit-on. Un passé qui est pourtant la matrice de notre présent ; cadre de la politique internationale depuis 2001 ; source de bouleversements majeurs de notre vie quotidienne : peur, contrôles, surveillance généralisée ; justifiant un recul de la démocratie : tortures, prisons secrètes, détentions arbitraires ; marquant aussi une phase de déclin de l'esprit critique, où toute controverse est balayée du soupçon

de *complotisme*, notion très prisée depuis 2001 : s'agit-il d'une maladie qui a frappé le monde à cette époque, ou du désir naturel d'y voir clair sur un événement capital ?

Al Qaida et les attaques du 11 Septembre constituent une histoire complexe, qui s'étend sur douze ans, implique une douzaine de pays, de nombreux activistes et divers services de renseignement. Pourtant chacun a le sentiment de pouvoir l'expliquer en un mot : « Ben Laden » – en ajoutant paradoxalement que ceux qui n'y *croient* pas sont des complotistes.

En poursuivant mes recherches, j'ai été frappé par le contraste entre la pauvreté du débat et la masse de données disponibles sur le 11 Septembre. Contrairement au poncif selon lequel internet c'est *n'importe quoi* (c'est-à-dire des rumeurs), on y trouve un corpus d'archives de qualité. Pour ne citer que le site principal, *Complete 9/11 Timeline* fournit une ligne du temps des événements illustrée, se référant à des dizaine de milliers d'articles de la grande presse, de livres et de rapports officiels.[1] Il faut aussi citer les ouvrages très riches de David Ray Griffin, Peter Lance ou Kevin Fenton, entre autres (voir Bibliographie).

Pour synthétiser le problème, trois hypothèses sont possibles :

1. Les attaques ont été une *surprise totale* pour les services de renseignement américains.

2. Les services de renseignement ont décelé ce qui se préparait, mais n'ont *pas pu* l'empêcher.

3. La direction de ces services n'a pas *voulu* empêcher ces attaques.

La première hypothèse est peu crédible. Le dicton « on ne peut tromper tout le monde tout le temps » serait devenu : « tout le monde peut tromper tout le temps les services de renseignement américains... »

---

[1] *www.historycommons.org/project.jsp?project=911_project*

La deuxième hypothèse - la plus commune - semble insuffisante.

La troisième hypothèse est considérée comme *sacrilège*. Le 11 Septembre est un événement historique qui tend à être traité comme une religion, avec ses martyrs, ses mystères, et son orthodoxie. Or une histoire qu'on ne peut pas interroger, n'est plus de l'Histoire mais de la croyance.

Ajoutons que beaucoup de discussions sur le 11 Septembre se focalisent sur des questions techniques, comme la nature de l'engin qui a frappé le Pentagone. C'est ce qu'on a retenu de Thierry Meyssan, qui pense qu'il s'agissait d'un missile. Or, malgré qu'il ait été quasiment pulvérisé, on peut observer au moins *un* débris reconnaissable du Boeing 757 d'American Airlines, photographié et filmé (donc pas *photoshoppé*), sous différents angles — ce qui suffit à écarter d'autres théories.

La cause de la chute des deux tours principales du World Trade Center est aussi controversée. Or on voit que leur effondrement débute au niveau de l'impact des avions. L'objection selon laquelle la combustion du kérosène ne permet pas de faire fondre l'acier n'est pas valide, puisque le vent (créé artificiellement dans un haut fourneau) permet d'atteindre cette température de fusion. Pourquoi aurait-il fallu ajouter des explosifs ?

Question qui reste de toute façon indécidable, puisque le rapport officiel sur l'effondrement des tours n'a pas recherché de traces d'explosifs dans les débris.[2] L'effondrement de la Tour 7, voisine des Twin Towers, suite à un simple incendie reste un mystère, pas même évoqué dans le rapport de la Commission sur le 11 Septembre. Cependant la chute des tours n'était pas indispensable au succès des attaques. D'après des propos attribués à Ben Laden, il ne semblait pas l'avoir prévue.[3]

---

[2] David Ray Griffin, *Un autre regard sur le 11 Septembre*, 2011, p.76
[3] « La Cassette d'Oussama Ben Laden », *Le Monde*, 15/12/2001

Plutôt que sur ces questions techniques, ma recherche sera essentiellement politique. Je montrerai :

- que le triumvirat à la tête des Etats-Unis a *démission-né* pendant l'heure cruciale où les attaques du 11 Septembre auraient pu être stoppées ;
- que l'administration Bush se préparait à envahir l'Irak et l'Afghanistan *avant* le 11 Septembre ;
- que la traque de Ben Laden fut *stoppée* chaque fois qu'elle risquait d'aboutir ;
- que les enquêteurs zélés ont été *bloqués* par des fonc-tionnaires, qui ont tous été *promus* par la suite ;
- que Ben Laden apparaît plus comme un *outil* des Etats-Unis que comme leur ennemi ;
- que les Etats-Unis soutiennent l'islamisme depuis la découverte de pétrole au Moyen Orient ;
- que les pirates de l'air ont été formés et protégés, aux Etats-Unis et en Grande Bretagne ;
- que Bush, Cheney et Rumsfeld ont trompé leur gou-vernement ;
- que Donald Rumsfeld est le personnage central de ces manigances ;
- que la démocratie a perdu le contrôle de ses services de renseignement.

Ces idées s'éloignent tellement de la *doxa* qu'on pourrait craindre qu'elles traduisent une lecture tendancieuse des évé-nements. Je pense avoir seulement porté à des faits incontes-tables l'attention qu'ils méritaient. Ils peuvent paraître surpre-nants, c'est pourquoi j'en ai indiqué toutes les sources.

Noam Chomsky notait que dans les démocraties - contrairement aux états totalitaires - la vérité n'est pas dissi-mulée, mais *dispersée* dans une multitude de publications : « les informations sont accessibles, mais seulement pour les fana-tiques: vous pouvez les trouver si vous consacrez votre vie à les chercher ».[4] La vérité se trouve sous nos yeux, cachette redoutable, comme l'illustre *La Lettre volée* d'Edgar Poe. Bernard Shaw disait de même: « Il n'y a pas de secrets mieux gardés que ceux que tous connaissent ».

Certains se demanderont ce qu'un psychiatre peut apporter à une telle recherche. D'abord, la psychologie constitue un facteur politique essentiel (on le verra notamment en ce qui concerne le ministre de la Défense Donald Rumsfeld). Ensuite, j'ai aussi une formation en sciences sociales et politiques et je m'intéresse à ce qu'on peut nommer l'*inconscient politique*. Tout événement politique résulte d'une combinaison d'actions officielles et occultes, qui n'apparaissent pas directement à la conscience publique, et qu'il s'agit de démêler.[5] La conférence de Yalta en 1945 a été décrite comme « le refoulé collectif de l'Europe, son inconscient historique »[6], qui a engendré la guerre froide. De même, le 11 Septembre 2001 constitue la matrice de la guerre à la Terreur, dont les promoteurs souhaitent qu'elle n'aie pas de fin.

---

[4] Noam Chomsky, *Langue Linguistique Politique*, Flammarion, 1977, p.51
[5] Marc Reisinger, Addiction to death, *CNS Spectrums*, Cambridge University Press, 2017
[6] Catherine Clément, *La Putain du Diable*, Flammarion, 1996

1 AGIR SANS AGIR

On dit que chacun se souvient de ce qu'il faisait le 11 septembre 2001 – sauf, apparemment, trois personnes: le Président, le Vice-président et le secrétaire à la Défense des Etats-Unis. Que faisaient ces trois dirigeants du pays tandis que les avions piratés fonçaient sur New York et Washington ? Le rapport officiel de la Commission d'enquête sur le 11 Septembre ne l'établit pas clairement, et eux-mêmes s'en souviennent mal.

Bush

On sait à peu près où se trouvait le Président Bush, mais ses propres souvenirs fluctuent. Au moment où le premier avion détourné s'écrase sur la tour Nord du World Trade Center – à 8h46 du matin – le Président se trouve dans sa voiture, en route vers une école primaire de Sarasota, Floride, pour assurer la promotion de son nouveau programme d'éducation.

A son arrivée à l'école, vers 8h55, il est immédiatement averti qu'une des tours du World Trade Center a été frappée par un avion. Selon le rapport de la Commission sur le 11 Septembre, son conseiller Karl Rove lui aurait dit qu'il s'agissait d'un « petit bimoteur » et le Président aurait cru à un « incident dû à une erreur de pilotage ».[7]

Si ceci était exact, le chef de l'Etat et son conseiller principal auraient été les personnes les moins bien informées des

---

[7] *The 9/11Commission Report,* p.35

Etats-Unis, puisqu'un reporter de CNN annonçait, dès 8h51, que l'avion était « un grand avion de ligne à deux réacteurs… peut-être un 737 ».[8] Détail que la Commission sur le 11 Septembre escamote, en adoptant la chronologie erronée fournie par le NORAD (North American Aerospace Defense Command), selon laquelle CNN n'aurait commencé à couvrir l'événement qu'à 8h57[9]. Or chacun peut encore entendre sur internet le reportage en direct de CNN qui débute à 8:49.[10]

De toute manière, Condoleezza Rice, conseillère à la sécurité nationale, avait aussi appelé l'école depuis la Maison Blanche et informé le Président, dès son arrivée, qu'il s'agissait d'un avion de ligne.[11] La conseillère rapporte que Bush lui répondit : « Ca a l'air d'un terrible accident. Tenez-moi au courant »[12], puis il entra dans la classe pour assister à la lecture des enfants – ce qui dépasse l'entendement.

Ajoutons que, selon la chronologie fournie par le NORAD en septembre 2001, le contrôle de l'aviation civile (FAA) avait constaté le détournement du premier avion (vol AA11) dès 8h20, et son tournant à 100° vers New York à 8h28. La défense aérienne n'aurait été informé du premier détournement qu'à 8h40, et du deuxième à 8h43 (contrairement à la procédure normale, qui impliquait de le prévenir immédiatement).[13] Tout ceci sans qu'aucun membre du cabinet, de l'armée ou des services de renseignement accompagnant Bush n'en sache rien.

Lorsque quelques minutes plus tard Andrew Card, chef de cabinet de la Maison Blanche, chuchote à l'oreille du Président qu'un deuxième avion vient de s'écraser sur la tour Sud

---

[8] "CNN BREAKING NEWS, Terrorist Attack on United States", Aired September 11, 2001 - 08:48 ET

[9] National Commission on Terrorist Attacks upon the United States, Public Hearing, Friday, May 23, 2003

[10] *https://archive.org/details/cnn200109110848-0929*

[11] *The 9/11Commission Report*, p.35

[12] Peter Lance, *Cover Up, What the government is still hiding about the War on Terror*, New York, 2004, p.233

[13] Griffin, David Ray, *The 9/11 Commission Report, Omissions and Distorsions*, 2005, pp.139-153

du World Trade Center (à 9h03) et que « l'Amérique est atta-
quée », il ne bronche toujours pas. « Je voulais projeter une
image de calme, ne pas manifester une réaction d'excitation
dans ce moment de crise » expliquera-t-il à la Commission
d'enquête sur le 11 Septembre[14]. Il ne semble pas craindre que
d'autres attaques terroristes soient en cours et qu'il puisse être
une cible, mettant ainsi en danger les enfants qu'il écoute pa-
tiemment, et tout son entourage, puisque les médias étaient
au courant de sa présence dans cette école.

Après les événements, George Bush a fourni plusieurs
récits contradictoires. Le jour de l'attaque, dans son discours à
la nation, il déclare sur un ton martial : « Immédiatement
après la première attaque, j'ai déclenché notre plan de réponse
gouvernemental d'urgence », ce qui est faux et en contradic-
tion avec son récit sur « l'erreur de pilotage ». L'histoire réapparaît plus tard, notamment dans un entretien filmé du 4 décembre 2001 (disponible en ligne): « J'étais assis en dehors de
la classe, en attendant d'entrer, et j'ai vu un avion heurter la
tour à la télévision... Je me suis dit : ce pilote est très mauvais. Ce doit être un horrible accident... » [15]. Ceci est également faux, puisque les images du crash du premier avion
n'ont pas été diffusées en direct, mais seulement 12 heures
plus tard.

George Bush ignorait que la séquence de l'école de Sarasota apparaîtrait intégralement dans le film de Michaël Moore
Farenheit 9/11, diffusé en 2004. On peut observer l'air hagard
du Président, figé sur l'estrade de l'école, comme un acteur
qui aurait oublié son rôle.[16] Après avoir appris l'attaque du
deuxième avion, il continue à écouter les élèves ânonner un
texte pendant huit longues minutes. Il se déclare vivement
impressionné par cette lecture, au moment où des New Yorkais

---

[14] The 9/11 Commission Report, p.38
[15] *www.youtube.com/watch?v=BUXglJU2w6U*
[16] Michaël Moore, *Farenheit 9/11*, 2004

sont en train de se jeter du haut des tours du World Trade Center.

Ces images réfutent également le récit de la réaction du Président à l'annonce de la deuxième attaque par une partie de la presse : « *Quelques secondes plus tard*, le Président s'est excusé, a quitté la classe, et nous nous sommes réunis dans une salle pour parler de la situation ».[17] Récit qui ne tient pas compte du fait que le secrétaire de presse de la Maison Blanche, Ari Fleischer, se tenait au fond de la classe avec un panneau portant une inscription en lettres capitales : « DON'T SAY ANYTHING YET » (Ne dites encore rien).[18]

Au lieu de se mettre immédiatement en sécurité, le commandant suprême des forces armées passe encore une demi-heure dans l'école, préparant un *speech* télévisé à 9h30, avant de se diriger vers l'aéroport pour rejoindre son avion. Entretemps, à 9h37, un troisième avion s'est écrasé sur le Pentagone. Sur le conseil du Vice-président , George Bush décide de s'envoler vers une destination indéterminée.

Cheney

Les déplacements et les actions du Vice-président Cheney sont aussi évanescents. Selon le rapport de la Commission, un avion approchant Washington « incita le *Secret Service*[19] à ordonner l'évacuation immédiate du Vice-président de son bureau de la Maison Blanche juste avant 9h36 »[20], c'est-à-dire une minute avant que le troisième avion s'écrase sur le Pentagone.

Le Vice-président et son escorte se seraient arrêtés dans un tunnel sécurisé d'où Cheney aurait appelé le Président. Il

---

[17] "Government Accounts of 9/11 Reveal Gaps, Inconsistencies, Questions Arise About Who Put Nation on High Alert; A Threat to Air Force One?", *The Wall Street Journal,* 22/3/2004

[18] "Suddenly, a time to lead", *Washington Times*, 7/10/2002

[19] Agence gouvernementale chargée d'assurer la protection du Président des Etats-Unis, du Vice-président, de leur famille, de certaines personnalités.

[20] *The 9/11 Commission Report*, p.39

ne serait arrivé dans le bunker du Centre opérationnel d'urgence Présidentiel (*Presidential Emergency Operations Center* ou PEOC), situé sous la Maison Blanche, que peu avant dix heures, largement *après les attaques* du World Trade Center et du Pentagone.

Ce compte-rendu de la Commission d'enquête sur le 11 Septembre contredit les déclarations du Vice-président Cheney, quelques jours après les événements, selon lesquelles il serait arrivé au Centre opérationnel *avant* l'attaque du Pentagone : « Après être arrivés là-bas [dans le bunker] - peu de temps *après* - nous avons été mis au courant que le Pentagone avait été frappé »[21].

Le rapport de la Commission qui s'est fixé pour objectif de « fournir le compte-rendu le plus complet possible des événements entourant le 11 septembre »[22] ne tient pas compte des propres déclarations de Cheney, ni de plusieurs témoins. Ceux-ci confirment en effet que le Vice-président se trouvait au Centre opérationnel sous la Maison Blanche peu après 9 heures — donc bien *avant* l'attaque du Pentagone à 9h37. Le ministre des Transports, Norman Mineta[23], notamment, a fait une déclaration capitale devant la Commission :

> *« Pendant que l'avion se dirigeait vers le Pentagone, un jeune homme qui venait d'entrer a dit au Vice-président : « l'avion est à 50 miles [80 km], l'avion est à 30 miles, » et quand l'avion est arrivé à 10 miles, le jeune homme demanda au Vice-président : « les ordres tiennent toujours ? » A ce moment, le Vice-président a tourné brusquement la tête et*

---

[21] *Meet The Press*, NBC, 16/9/2001, texte sur le site de la Maison Blanche : *https://georgewbush-whitehouse.archives.gov/vicepresident/news-speeches/speeches/vp20010916.html; vidéo : www.youtube.com/watch?v=DKHRKgaGVl4*

[22] *9/11 Commission Report*, p.XVI

[23] Dont Cheney confirme la présence dans l'interview de la NBC citée plus haut.

l'a apostrophé : « Bien sûr que les ordres tiennent toujours, avez-vous entendu le contraire ? »[24]

Ce témoignage précis indique que Cheney était présent dans le bunker avant l'attaque de l'avion contre le Pentagone, que l'avion était repéré et que *des ordres avaient été donnés* à son sujet. Qui pouvait avoir donné ces ordres, à part celui auquel le jeune assistant demandait de les confirmer ? Et quels étaient ces ordres ?

S'il s'agissait d'abattre l'avion, pourquoi s'attendre à ce que l'ordre soit modifié alors que l'avion approchait Washington de manière de plus en plus menaçante (à 80km, 50 km puis 15 km), moins d'une heure après les attaques de New York? La question n'avait de sens que s'il existait un ordre *empêchant* d'abattre l'avion : c'était l'ordre de maintenir tous les avions (civils, militaires ou policiers) au sol, donné à 9h25[25] par le Centre de commandement de l'aviation civile (FAA), avec l'approbation de la Maison Blanche, donc de Dick Cheney.[26] Ce qui revenait à laisser l'avion s'approcher de Washington et frapper le Pentagone.

Notons que la base aérienne militaire d'Andrews, qui assure la garde de Washington,[27] se trouve à 16 km du Pentagone (distance parcourue par les avions de chasse en moins d'une minute).

Cette question cruciale aurait dû être éclaircie par la Commission. Qui était cet assistant dont parle le ministre des Transports ? Pourquoi n'a-t-il pas été entendu ? Le rapport a effacé le problème, en ne faisant aucune référence à l'audition de Norman Mineta devant la Commission - en la retirant même des archives vidéos de la Commission - et en affirmant,

---

[24] La vidéo de cette audition reste visible sur internet: *www.dailymotion.com/video/x4jzdy_11-sep-2001-temoignage-saisissant-d_news*

[25] *9/11 Commission Report*, p.25

[26] "Day the FAA Stopped the World", *Time*, 14/9/2001

[27] David Ray Griffin, *Un autre regard sur le 11 Septembre*, p.138

contre toute évidence, que le Vice-président n'était *pas présent* à son poste de commandement avant la chute de l'avion sur le Pentagone.

Ceci voudrait dire que Norman Mineta a menti ou s'est trompé, de même que Richard Clarke, Condoleezza Rice[28] et Cheney lui-même qui ont évoqué sa présence dans le bunker à ce moment. Sans discuter ces points, la commission donne à Cheney un alibi (au sens propre du terme : *être ailleurs*) pour ne pas avoir fait abattre l'avion se dirigeant vers le Pentagone, et Cheney valide ce récit officiel de 2004, en oubliant ses propres déclarations de 2001.

L'ensemble des témoignages montre que Dick Cheney était bien présent *avant* l'attaque du Pentagone dans le poste de commandement du bunker, où il a eu un comportement incompréhensible. Ensuite, il s'est absenté pour appeler le Président Bush en privé vers 9h45 - à partir du tunnel évoqué plus haut – puis il est retourné à son poste peu avant dix heures.[29]

Rumsfeld

Le comportement de Donald Rumsfeld est tout aussi énigmatique au moment des attaques :

Donald Rumsfeld, le secrétaire à la Défense, était dans son bureau qui se trouve dans la partie Est du bâtiment [à l'opposé du point d'impact de l'avion], en entretien avec Christopher Cox, le Président de la commission de la Défense de la Chambre des représentants. M. Rumsfeld, se rappelle M. Cox, regardait les événements de New York à la télévision et dit : "Croyez-moi, ce n'est pas encore fini. Il va y avoir une autre attaque et elle sera pour nous".[30]

---

[28] "9/11 : Interviews by Peter Jennungs", *ABC News*, 11/9/2002

[29] Scott, Peter Dale, *La Route vers le nouveau désordre mondial*, 2013, p.293-322

[30] "Revealed : what really went on during Bush's 'missing hours' » , William Langleyere's, *The Daily Telegraph*, 16/12/2001

En plus d'un don de prédiction, Rumsfeld faisait preuve d'un flegme analogue à celui du Président et du Vice-président . L'assistante du secrétaire à la Défense, se rappelle son attitude dans ces instants de panique générale :

« Quand nous avons appris qu'un premier, puis un deuxième avion s'étaient écrasés contre le World Trade Center, le processus de Gestion des Situations de Crise a immédiatement été mis en place ».

« Quelques-uns parmi nous sont immédiatement allés dans le bureau du secrétaire à la Défense Rumsfeld pour l'avertir que le processus de Gestion des Situations de Crise avait été mis en place. Il voulait passer quelques coups de fil. Donc quelques-uns parmi nous sommes allés de l'autre côté du hall dans ce que l'on appelle le National Military Command Center. Lui est resté dans son bureau.[31] »

Quelques minutes plus tard, après avoir effectué une courbe autour du Pentagone, un avion s'abat sur la seule aile en rénovation, munie d'une façade en béton renforcé d'acier pour mieux résister aux attaques terroristes. La rénovation intérieure n'était pas achevée, ce qui explique le nombre relativement peu élevé de victimes – 125 tués (en partie occupés aux travaux de rénovation), en plus des 64 passagers de l'avion[32] – alors que 23.000 employés travaillent au Pentagone.

Rumsfeld se précipite avec son garde du corps vers le lieu de l'attaque. Le responsable de la défense des Etats-Unis, n'écoutant que son bon cœur, aide à transporter des blessés en oubliant le reste du pays - tel un pilote d'avion qui abandonnerait son poste de pilotage pour soigner des passagers. Il reste sur place quelques minutes, qui feront de lui un héros national[33]. Certains membres de son équipe allant jusqu'à ra-

---

[31] Retranscription officielle de l'interview de Victoria Clarke au *WBZ Boston Saturday*, 15 septembre 2001 : News Transcript, US Department of Defense.
[32] *The 9/11 Commission Report*, p.314
[33] Le site du Département de la Défense indique que Rumsfeld s'est absenté « environ une demi-heure ». La distance à parcourir des on bureau jusqu'au

conter qu'il avait déchiré sa chemise en lambeaux pour en faire des bandages (ce qui est une pure fiction)[34].

Ensuite, il se rend à nouveau dans son bureau, où il discute avec le Président (ni l'un ni l'autre ne se souviendront de quoi plus tard). Puis il se rend dans une salle de conférence (*Executive Room*), où il retrouve quelques proches collaborateurs, avant de rejoindre *enfin* son poste de commandement (*War Room*) peu après 10h30, près de deux heures après le début des attaques (qui étaient terminées) - et plus d'une heure après que son assistante l'ait invité à s'y rendre.

Cette *War Room* - située juste en face du bureau de Rumsfeld réunit jusqu'à 200 militaires et civils, actifs 24 heures sur 24. C'est là que s'exerce le pouvoir militaire suprême des Etats-Unis - *National Command Authority* - constituée du Président et du secrétaire à la Défense. La chaîne de commandement[35] entre l'autorité militaire et ceux qui sont chargés d'exécuter ses ordres aurait donc été rompue pendant près de deux heures.

Le Big Bang

On reconstitue l'histoire de l'univers à partir des premières secondes du *Big bang*. De même, l'histoire du 11 Septembre peut être déduite du comportement des trois dirigeants américains au cours de la première heure des attaques. Moment où les avions auraient pu être abattus, auquel cas l'événement se serait résumé à quatre détournements d'avions qui ont mal tourné, comme il y en eut d'autres.

Ce qu'on observe essentiellement pendant cette heure cruciale, c'est que les dirigeants de l'Etat *ne font rien*. Bush disparaît dans les airs, Cheney s'égare dans les tunnels de la Maison Blanche. Rumsfeld erre dans le Pentagone sans rejoindre

---

site du crash étant de 600 m, il est resté sur place au maximum 10 minutes. *http://archive.defense.gov/Transcripts/Transcript.aspx?TranscriptID=1884*
[34] Cockburn, Andrew, *Rumsfeld*, pp.1-6
[35] *The 9/11 Commission Report*, p.37

son poste de commandement, comme s'il n'avait *rien* à y faire, comme s'il savait ce qui se passait, puisqu'il peut même l'annoncer. Celui qui prédit avec flegme l'attaque du Pentagone est le commandant suprême des forces armées, qui aurait pu donner l'ordre d'abattre les avions détournés. Puisqu'il anticipait cette attaque, pourquoi ne l'a-t-il pas fait ?

Aucun des trois dirigeants n'a interféré avec les événements, comme s'ils avaient pour mot d'ordre tacite de *ne rien faire entre 8h45 et 9h45*. C'est peut-être ce que traduit le vide étrange du visage de George Bush face aux écoliers de Sarasota. Tout se passe comme si l'agenda des dirigeants du pays ne correspondait pas à celui du peuple américain, occupé à paniquer ou à mourir.

La version des événements de la Commission d'enquête conforte l'idée que les dirigeants des Etats-Unis n'étaient pas à leur poste (en dépit de certains témoignages), comme pour leur éviter d'avoir à justifier le fait qu'ils n'aient rien fait pour éviter l'attaque du Pentagone.

Pour compléter la scène, d'autres personnages clés ont manifesté un comportement étrange le 11 Septembre.

Le général Richard Myers, responsable des forces armées américaines, a déclaré à la Commission du 11 Septembre qu'au moment des attaques de New York, il se trouvait au Capitole (à 6 km du Pentagone) pour un entretien de routine. Au lieu de se précipiter à son poste de commandement, il se serait lui aussi contenté de suivre les événements à la télévision pendant trois quart d'heure, à partir du bureau d'un sénateur.[36] Il prétend être revenu au Pentagone à 10 heures.[37] Or Richard Clarke - chef du contre-terrorisme à la Maison Blanche - rapporte avoir été en contact vidéo avec le général Myers qui se trouvait au Pentagone dès 9h15.[38] Encore un

---

[36] T.Rhem, " Myers and Sept. 11: We Hadn't Thought About This", *American Forces Press Service*, 23/10/2001
[37] *The 9/11 Commission Report*, p.38
[38] Clarke, *Against All Ennemies*, p.5

responsable qui tient à montrer étrangement qu'il n'était *pas à son poste* (en dépit de témoignages contraires).

Autre épisode qui paraît irréel : le directeur des opérations du poste de commande du Pentagone – *National Military Command Center* (NMCC) – le brigadier général Winfield, a demandé le 10 septembre à un adjoint de le remplacer le lendemain à partir de 8h30. Son adjoint, le capitaine Charles Leidig, était qualifié à ce poste depuis seulement un mois[39] et n'avait jamais dirigé une téléconférence.

En dépit du fait que les contrôleurs aériens ont été informés du détournement du premier avion dès 8h25 et qu'ils ont établi une ligne téléphonique avec le Pentagone, le général Winfield partit – comme prévu la veille – à 8h30, pour vaquer à ses occupations pendant toute la durée des attaques et revenir vers 10 h30, quand tout était terminé.[40]

Un troisième personnage clef faisait défaut lors des attaques. Michaël Canavan, coordinateur des détournements d'avion (*Hijack Coordinator*) de la FAA (*Federal Aviation Authority*). Cet ancien général des forces spéciales était en voyage à Porto Rico; son adjointe Lynne Osmus n'a pris place à son bureau qu'après la chute des avions – *comme tout le monde*, serait-on tenté de dire...[41]

L'avion de l'Etat n'avait plus de pilote le 11 Septembre. Pourtant c'est l'aviation civile qui, à son corps défendant, portera le chapeau de cet échec sécuritaire capital.

---

[39] Thompson, Paul, *The Terror Timeline*, 2004, p.364
[40] David Ray Griffin, *The 9/11 Commission Report, Omissions and Distorsions*, 2005, pp.235-236
[41] 9/11 Commission, Memorandum for the Record, Interview Lynn Osmus, 3/10/03

2 UN NOUVEAU PEARL HARBOR

Les flottements du rapport de la Commission du 11 Septembre sur l'emploi du temps des plus hauts dirigeants des Etats-Unis pendant ces heures critiques vont de pair avec une grande discrétion sur les échanges entre Bush, Cheney et Rumsfeld.

En arrivant dans son avion Air Force One vers 9h45, après avoir quitté l'école primaire de Sarasota, et avant de décoller, le Président Bush téléphona pendant dix minutes. Il appela le Vice-président , qui se trouvait à ce moment dans le tunnel du bunker de la Maison Blanche, entre les bureaux et le poste de commandement souterrain[42]. Il parla également avec Donald Rumsfeld qui se trouvait dans son bureau. Rien de plus normal que de faire le point sur les attentats, mais pourquoi à l'abri de tous ? Le seul élément qui transparaît de ces échanges dans le rapport de la Commission est une petite phrase du Président Bush : « Le Président dit au Vice-président : 'Il semble qu'on ait une petite guerre en cours ici, j'ai entendu ce qui est arrivé au Pentagone. Nous sommes en guerre… Quelqu'un va payer' »[43].

Le ton désinvolte de cette remarque est peu en accord avec la panique dominant le pays. Au lieu d'exprimer l'horreur ou l'angoisse face à des événements, dont le spectacle nous coupe le souffle près de vingt ans plus tard, le plus haut responsable du pays s'exprime d'un ton froid, gogue-

---

[42] *9/11 Commission Report,* p.40
[43] Ibid., p.39

nard, presque jubilatoire : « Une petite guerre…quelqu'un va payer », comme s'il s'agissait d'une bonne plaisanterie - ou d'une étape vers autre chose. Soit le Président faisait preuve d'une maîtrise suprême, soit il n'était pas surpris.

Pourquoi les avions n'ont pas été interceptés

On saura rapidement *qui* va payer. Après quelques heures, les services de renseignement découvrent des membres d'Al Qaida dans la liste des passagers des avions détournés. Richard Clarke - censé superviser les activités des services secrets — est choqué répond pertinemment à la CIA: « Si vous savez qu'ils font partie d'Al Qaida, comment ont-ils pu monter dans les avions? »[44]

Ce n'est que le début de ses surprises, comme on le verra plus tard. Clarke rapporte aussi que Rumsfeld parle immédiatement d'attaquer l'Irak, un projet qui nécessitera deux ans de manipulations de la part de la Maison Blanche, pour faire croire à l'existence d'armes de destruction massives en Irak et de liens entre ce pays et Al Qaida.

La confusion du rapport de la Commission du 11 Septembre dans la présentation des activités du triumvirat à la tête de la défense américaine a permis de dissimuler sa responsabilité dans un échec majeur : des avions de ligne détournés par des terroristes ont frappé des bâtiments symboliques de la puissance américaine, et aucun n'a été intercepté ni abattu.

Auraient-ils pu être stoppés ? Quelle est la procédure normale en cas de détournement d'avion ? Lorsque les contrôleurs aériens constatent qu'un avion dévie de son plan de vol sans autorisation, que le contact radio est interrompu ou que le transpondeur signalant automatiquement sa position n'émet plus, ils doivent informer l'armée. Des chasseurs en alerte sur la base aérienne la plus proche décollent alors pour

---

[44] 9/11: Day That Changed the World, Smithsonian Channel, 2011 (documentaire)

s'approcher de l'avion et déterminer s'il s'agit d'un problème technique ou d'un détournement. La décision d'abattre l'avion peut être prise si celui-ci constitue une menace.

Cette procédure d'interception a été appliquée des dizaines de fois en 2000 et 2001 et s'est chaque fois résolue favorablement. Selon le général Eberhart, chef du NORAD (*North American Aerospace Command Center*), dès que les contrôleurs aériens perçoivent quelque chose d'anormal, « il leur faut à peu près une minute » pour contacter le NORAD, qui peut envoyer des chasseurs « en quelques minutes n'importe où aux Etats-Unis »[45]. En moyenne il ne faut que dix minutes pour qu'un avion de chasse supersonique arrive à hauteur de l'avion civil. Or les avions piratés le 11 Septembre ont volé sans encombre entre 20 et 50 minutes après avoir été signalés.

Un ancien lieutenant-colonel de l'armée de l'air, Robert Bowman, déclara en 2005 : « Si notre gouvernement avait permis le déroulement des procédures normales ce matin du 11 septembre, les Tours Jumelles seraient encore debout et des milliers de victimes américaines seraient encore en vie »[46].

Cette procédure usuelle a été modifiée quelques mois avant le 11 Septembre, le 1er juin 2001[47]. Depuis, toute interception devait au moins être approuvée par le secrétaire à la Défense Donald Rumsfeld, lui qui n'était pas à son poste de commandement, pas plus que le Vice-président (à en croire le rapport de la Commission sur le 11 Septembre), ni le Président.

C'est seulement vers 9h45 – lors de son entretien téléphonique avec Cheney à partir de son avion – que le Président Bush donna l'autorisation « d'abattre tout avion hostile », alors que les attaques étaient terminées. Quant au quatrième avion, qui s'est écrasé à 10h03 dans un champ de Pennsylva-

---

[45] Témoignage au Congrès du Général Eberhart, octobre 2002 ; et *Slate magazine*, 16/1/2002
[46] Scott, Peter Dale, *La Route vers le nouveau désordre mondial*, 2013, p.288
[47] "Aircraft Piracy (Hijacking) And Destruction Of Derelict Airborne Objects" *http://emperors-clothes.com/9-11backups/3610_01a.pdf*

nie, il existe une controverse pour savoir s'il a été abattu ou non par l'aviation militaire.

Dans les jours qui ont suivi le 11 Septembre, le Général Richard Myers, chef de l'état-major, ainsi que le porte-parole du NORAD (Commandement de la défense aérienne de l'Amérique du Nord), ont confirmé qu'aucun avion militaire n'avait été autorisé à décoller pendant les attaques.

Cette position inexplicable a été remplacée quelques jours plus tard par une seconde version des faits, selon laquelle des chasseurs avaient décollé, mais étaient arrivés trop tard. Cependant le timing fourni ne permettait pas d'expliquer pourquoi les avions n'avaient pas été abattus, sauf si un ordre les avait empêchés d'intervenir - comme incite à le penser l'échange rapporté plus haut entre Cheney et son jeune assistant.

Une troisième version apparut trois ans plus tard, dans le rapport de la Commission du 11 Septembre, selon laquelle l'armée n'aurait pas été prévenue — ou trop tard. L'administration de l'aviation civile (FAA) en serait responsable (or aucun de ses employés n'a été sanctionné ni blâmé). Si cette nouvelle ligne de temps, ironiquement baptisée par un journaliste *« The Emperor's New Timeline »*[48] (par analogie avec le conte d'Andersen, Les Habits neufs de l'Empereur), est exacte le NORAD aurait menti pendant près de trois ans, sans devoir se justifier par la suite. Les responsables de l'aviation civile (FAA) n'ont d'ailleurs jamais reconnu cette conclusion de la Commission sur le 11 Septembre[49].

L'armée et l'administration Bush ont donc été exonérées par la Commission[50] de toute incompétence ou complicité. Cette révision globale des événements implique d'importantes

---

[48] Greg Gordon, "Dayton: FAA, NORAD hid 9/11 failures", *Minneapolis Star-Tribune*, 31/7/2004

[49] Nicolas Levis, " Senator Dayton : NORAD Lied about 9/11", *www.911Truth.org*

[50] Commission très proche de l'administration Bush, comme on le verra plus loin.

distorsions des faits, comme l'établit de manière détaillée David Ray Griffin dans son ouvrage *The 9/11 Commission Report, Omissions and Distorsions.*[51]

La modification de la procédure d'interception des avions détournés, trois mois avant le 11 Septembre, suffit à expliquer « l'immunité » des avions détournés, puisque c'est le secrétaire à la Défense, le Président ou le Vice-président qui devaient donner l'autorisation de les abattre.

Cette procédure nouvelle avait été mise au point par le « Bureau de Préparation Nationale ». Une dénomination vague qui désignait un groupe créé en mai 2001 par Bush et dirigé par le Vice-président Cheney, chargé d'évaluer la menace terroriste et d'émettre des recommandations pour *renforcer la préparation contre des actes de terrorisme* sur le territoire des Etats-Unis. Ironie de l'Histoire ou ironie tout court ?

Des opportunités nouvelles

A la même époque Cheney dirigeait une autre commission d'études, qui n'est pas sans rapport avec les suites du 11 Septembre. L'*Energy Task Force*, officiellement *National Energy Policy Development Group* (NEPDG), fut créée une semaine après l'investiture du Président Bush.

> *Une des journalistes les plus estimées du Washington Post, Dana Milbank, qualifiait la commission présidée par Cheney de "société secrète"… La Maison-Blanche refuse catégoriquement de dévoiler l'identité des personnalités siégeant dans la commission.*[52]

L'organisation non gouvernementale *Judicial Watch* parvint, à la suite d'une bataille juridique, à obtenir des documents de cette commission. Ceux-ci, datés de mai 2001, cons-

---

[51] David Ray Griffin, *The 9/11 Commission Report, Omissions and Distorsions*, 2005, pp.137-276

[52] Eric Laurent, *La Face cachée du pétrole*, 2006, p.219-220.

tituaient des plans de prise de contrôle du pétrole irakien, représentant 60% des réserves mondiales.[53]

Selon l'ancien secrétaire au Trésor Paul O'Neil, la première réunion du Conseil National de sécurité de l'administration Bush en janvier 2001 envisageait déjà la possibilité d'envahir l'Irak.[54]

Projet pressenti par le Ministre des Affaires étrangères français Hubert Védrine qui, après avoir rencontré la nouvelle administration américaine à Washington au printemps 2001, déclarait dans une interview publiée deux jours avant le 11 Septembre être « revenu convaincu de la volonté de cette équipe – le Vice-président Dick Cheney en tête – de s'en prendre à l'Irak dès qu'une opportunité et un prétexte se présenteraient ».[55]

Dick Cheney, directeur général d'Halliburton, la plus grande entreprise de services pétroliers et gaziers du monde de 1995 à 2000, immédiatement avant de devenir Vice-président , exposait sa pensée en matière de politique énergétique lors d'un dîner du London Institute of Petroleum en 1999 :

> *« A l'horizon 2010 nous aurons besoin de l'ordre de 50 millions de barils supplémentaires par jour (…) Si de nombreuses régions du monde offrent des opportunités exceptionnelles dans le domaine du pétrole, le Proche-Orient, avec les deux tiers des réserves mondiales de pétrole et des coûts moindres, est l'endroit où à terme se trouve le gros lot, et même si les compagnies sont pressées d'avoir un meilleur accès à la région, les progrès demeurent faibles.[56] »*

La crainte d'une pénurie de pétrole mobilisait un groupe fondé en 1997, le *Project for the New American Century* (PNAC), comprenant Donald Rumsfeld et Dick Cheney, qui prônait

---

[53] Peter Dale Scot, p.264 ; *www.judicialwatch.org/printer_irai-oil-maps.shtml*

[54] Ron Suskind, *The Price of Loyalty*, 2004 p.70-75

[55] "Un pic de tension spectaculaire dans un monde déjà en mutation", *Le Monde*, 09/09/2011.

[56] *www.peakoil.net/Publications/Cheney_PeakOil_FCD.pdf*

déjà l'invasion de l'Irak. Dans une lettre ouverte au Président Clinton, le groupe réclamait une politique américaine plus autoritaire au Moyen Orient, incluant si nécessaire l'usage de la force pour renverser Saddam Hussein[57].

L'idéologie du groupe fut résumée en septembre 2000 dans un document intitulé : *Rebuilding America's Defenses* (Reconstruire les Défenses de l'Amérique). Ce document appelait à des « changements révolutionnaires », mais notait que le processus de transformation risquait « d'être long, en l'absence d'un événement catastrophique catalyseur comme un nouveau Pearl Harbor »[58], une référence qui exprimait le souhait d'une guerre.

Dans le même temps (avril à septembre 2000), les studios hollywoodiens tournaient *Pearl Harbor*, superproduction dont la première eut lieu quatre mois avant le 11 Septembre, sur un porte-avion de l'armée américaine.[59]

Rappelons que les travaux du *Project for the New American Century* (PNAC), se déroulaient à l'époque des attentats d'Al Qaida contre les Etats-Unis à l'étranger - Arabie saoudite, Kenya, Tanzanie, Yémen - entre 1996 et 2000, précurseurs des attaques du 11 septembre 2001.

Un des auteurs de l'attentat contre l'ambassade américaine au Kenya en 1998 exprimait cette continuité en annonçant les attaques du 11 Septembre :

> *« Nous avons un plan pour attaquer les Etats-Unis, mais nous ne sommes pas encore prêts. Nous devons vous frapper en plusieurs endroits en dehors du pays de façon à ce que vous ne voyiez pas ce qui se passe à*

---

[57] PNAC letters sent to President Bill Clinton, January 26, 1998 : *www.informationclearinghouse.info/article5527.htm*

[58] « Censored », *San Francisco Bay Guardian*, 10/09/2003; le texte complet se trouve sur : *www.informationclearinghouse.info/pdf/RebuildingAmericasDefenses.pdf*

[59] La collaboration entre l'armée américaine et le producteur Jerry Bruckheimer continua après le 11 Septembre par une série sur la campagne en Afghanistan (Cfr : Frank Rich, *The Greatest Story Ever Sold*, p.90)

l'intérieur. La grande attaque approche. Vous ne pourrez rien faire pour l'arrêter »[60].

Sur quel savoir étrange se fondait la conviction que les Etats-Unis ne *pourraient* rien faire pour éviter ces attaques? Le caractère inéluctable de cette « grande attaque » semble participer de projets plus vastes. C'est ainsi que des membres d'Al Qaida, placés sur écoute par la NSA (*National Security Agency*)[61], regrettaient curieusement que les Etats-Unis n'aient « pas réagi plus fermement » à l'attentat contre le USS Cole (octobre 2000), et ajoutaient : « nous organisons quelque chose de si énorme que les Etats-Unis *devront* répondre ».[62]

La réponse fût esquissée un peu plus tard par Donald Rumsfeld qui déclarait que le 11 Septembre « offrait des opportunités, comme la Deuxième Guerre mondiale, de refaçonner une grande partie du monde ».[63] Un projet développé par la Stratégie Nationale de Sécurité du Président Bush en septembre 2002, selon lequel « les événements du 11 Septembre 2001 ouvraient de vastes opportunités nouvelles ».[64]

Dans une continuité troublante, Philip Zelikow, un des rédacteurs du rapport de septembre 2000 aspirant à un nouveau Pearl Harbor devint directeur exécutif et un des principaux auteurs du rapport de la Commission du 11 Septembre. Quant au Président Bush, il note dans son journal le soir du 11 septembre: « Le Pearl Harbor du 21ᵉ siècle a eu lieu aujourd'hui ».[65]

---

[60] Lawrence Wright, *The Looming Tower: Al-Qaeda and the Road to 9/11*, 2006, p.278-279.

[61] Organisme gouvernemental du département de la Défense des États-Unis, responsable du renseignement d'origine électromagnétique et de la sécurité des systèmes d'information du gouvernement américain.

[62] The 9/11 Story That Got Away, *Alternet*, 17/5/2006

[63] Secretary Rumsfeld Interview with the *New York Times*, 12/10/2001

[64] *www.state.gov/documents/organization/63562.pdf*

[65] Dan Balz and Bob Woodward, "America's Chaotic Road to War Bush's Global Strategy Began to Take Shape in First Frantic Hours After Attack", *Washington Post*, 27/1/2002

3 LE PIPE LINE AFGHAN

> *La tendance majeure du vingtième siècle réside dans la concentration et l'intégration de l'économie dans de grandes hiérarchies, où l'armée s'étend et joue un rôle décisif pour toute la structure économique ; l'économie et la puissance militaire deviennent structurellement et profondément liées, tandis que l'économie évolue vers une économie de guerre permanente.*
>
> C. Wright Mills, *L'Elite au pouvoir*, 1956

Quelles sont les « opportunités nouvelles » évoquées par l'équipe du Président Bush ? Nous avons déjà évoqué la volonté de prendre le contrôle du pétrole de l'Irak, premier coupable désigné des attentats du 11 Septembre. Le deuxième coupable présumé étant l'Afghanistan. Moins d'un mois plus tard, les Etats-Unis attaquaient ce pays pour renverser le régime des Talibans et inaugurer la Guerre à la terreur. Comme les projets visant l'Irak, l'attaque de l'Afghanistan sentait le gaz et le pétrole.

Pour comprendre ce qui s'est passé en Afghanistan, il faut remonter au début des années 1990, où une entreprise pétrolière argentine s'intéresse aux réserves de gaz et de pétrole des anciennes républiques soviétiques d'Asie Centrale. En 1992, un accord de principe est signé entre la compagnie sud-américaine et le gouvernement du Turkménistan pour l'exploitation du champ gazier de Daulatabad et la construction d'un oléoduc traversant l'Afghanistan [66].

---

[66] Jean-Charles Brisard et Guillaume Dasquié, *Ben Laden la vérité interdite*, Denoël, 2002, p.52

Le groupe américain Unocal se joint au projet. Unocal et le groupe saoudien Delta Oil signent en 1995 un accord avec le Président du Turkménistan portant sur des exportations de gaz évaluées à 8 milliards de dollars, et prévoyant la construction d'un gazoduc à travers l'Afghanistan, dont le coût était estimé à 3 milliards de dollars.

Ce pipeline devait acheminer le gaz de la région de la mer Caspienne vers l'océan Indien en passant par l'Afghanistan et le Pakistan afin d'éviter l'Iran, pays ennemi, et d'alimenter le marché énergétique d'Asie du sud en pleine expansion.

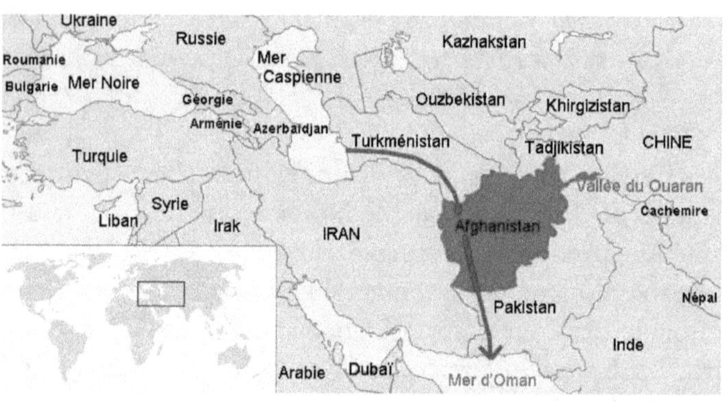

Un expert énergétique du gouvernement, Sheila Heslin, déclara au Congrès que « l'essence même de la politique US en Asie Centrale était de briser le monopole russe sur le transport du pétrole et du gaz dans cette région, et clairement de favoriser la sécurité énergétique occidentale en diversifiant les fournisseurs »[67].

Selon Olivier Roy, spécialiste en politique islamiste moderne et consultant auprès du ministère des Affaires étrangères français, la prise de Kaboul par les Talibans, le 26 septembre 1996

---

[67] Sheila Haslin, témoignage devant Ola commission sénatoriale sur les collectes de fonds illégales, le 17 septembre 1997, in Peter Dale Scott, *La Route vers le Nouveau Désordre Mondial*, Editions Demi-Lune, 2013, p.51

ne peut se comprendre sans le soutien direct des services pakistanais, avec l'accord des Etats-Unis et de l'Arabie saoudite, dans le cadre d'un grand projet visant à exporter les hydrocarbures d'Asie centrale par l'Afghanistan et le Pakistan, au détriment de l'Iran et de la Russie. [68]

Quelques mois auparavant, en mai 1996, Oussama Ben Laden était revenu en Afghanistan pour soutenir les Talibans, sous la protection du Pakistan[69] (voir chapitre 4).

Des Talibans blancs comme neige

Au moment où les Talibans prennent le pouvoir en Afghanistan, en septembre 1996, une véritable campagne de blanchiment politique des Talibans est en oeuvre aux Etats-Unis. Un spécialiste de l'Afghanistan au Council of Foreign Relations[70] va jusqu'à prétendre en octobre 1996 : « Les Talibans ne possèdent vraiment aucun lien avec l'internationale islamique radicale. En réalité, ils la détestent… ».[71]

En mai 1997, le *Wall Street Journal* fait l'éloge des Talibans :

Les Talibans sont les acteurs les plus à même d'obtenir la paix. De plus, ils jouent un rôle crucial afin de stabiliser le pays, et donc d'en faire une importante route de transbordement pour l'exportation des vastes ressources pétrolières et gazières de l'Asie centrale, ainsi que d'autres ressources naturelles[72].

« Le soutien d'Unocal aux Talibans n'est guère dissimulé par le Vice-président de la firme, Chris Taggart, qui a qualifié

---

[68] Olivier Roy, *Le Monde Diplomatique*, novembre 1996
[69] Nafeez Mosaddeq Ahmed, *La Guerre contre la vérité*, 2006, p.26
[70] Editeur de *Foreign Affairs*, revue internationale la plus influente en matière de géostratégie et de politique de défense.
[71] Barnett Rubin, interview accordée à Time, 14/10/1996, cité par Brisard et Dasquié, p.54
[72] « Afghan Mutiny Boosts Islamist Fighters, Chances for Western-built Oil Pipelines", *Wall Street Journal*, 20/05/1997

leurs avancées de 'développement positif' ».[73] En novembre 1997, des représentants Talibans sont invités au siège d'Unocal au Texas pour négocier leur appui au pipeline qui devait s'étendre de Krasnovodsk (Turkménistan) à Karachi (Pakistan). On les emmena à Washington pour des rencontres au Capitole et au Département d'Etat afin de plaider la cause de leur reconnaissance.[74]

Les Talibans rendent aussi visite au professeur Thomas Gouttierre, de l'Université de Nebraska, consultant d'Unocal[75], qui verse 900.000 dollars à l'Université pour créer, près du lieu de résidence de Ben Laden en Afghanistan, un centre de formation de 400 professeurs, électriciens, charpentiers et installateurs de pipeline en prévision de la création d'un pipeline.[76] En 1998, le gouvernement Clinton est en pourparlers avec les Talibans concernant l'itinéraire du pipeline.

« Depuis 1997, une instance nommée Groupe 6+2 réunit les six pays voisins de l'Afghanistan (Iran, Pakistan, Chine, Ouzbékistan, Tadjikistan, Turkménistan), ainsi que la Russie et les Etats-Unis, sous la supervision de l'ONU ».[77] De nombreuses réunions diplomatiques de groupes plus ou moins élargis ont lieu de 1998 à 2001, incluant l'Alliance du Nord, qui contrôle 10 % du territoire. On prévoit la création d'une Grande Assemblée afghane et un retour éventuel de l'ancien roi exilé à Rome.

---

[73] Pierre Abramovici, "L'Histoire secrète des négociations entre Washington et les Talibanss », *Le Monde Diplomatique*, janvier 2002

[74] « How the Taliban *Escaped State department's Terrorism Blacklist"*, *International Herald Tribune*, 06/11/2001.

[75] Robert Dreyfuss, *Devil's Game: How the United States Helped Unleash Fundamentalist Islam (American Empire Project)*, 2005.

[76] "Oil barons court Taliban in Texas", *The Telegraph*, 14/12/1997.

[77] Pierre Abramovici, « L'Histoire secrète des négociations entre Washington et les Talibans », *Le Monde Diplomatique*, janvier 2002

Vers la guerre

Pendant que certains font tout pour rendre les Talibans présentables, d'autres semblent s'évertuer à faire le contraire. Ben Laden prend de plus en plus le devant de la scène. En août 1996, il a lancé une déclaration de guerre contre les Etats-Unis.[78] « En février 1998, il lance le Front International islamique, avec le soutien des Talibans. A cette occasion, il émet une fatwa qui autorise les attentats contre les intérêts et les ressortissants américains. »[79]

En août 1998, « des engins explosifs détruisent les ambassades de Dar-es Salaam et Nairobi, faisant 224 morts, dont 12 Américains ».[80] Peut-on imaginer que les services secrets pakistanais et saoudiens soutenant Ben Laden – agissant, comme on le sait, conjointement avec la CIA - ne voulaient pas d'un accord de paix élargi sur l'Afghanistan, mais plutôt une *pax americana* (c'est-à-dire une invasion de l'Afghanistan - et de l'Irak)?

Lors d'une opération au nom présomptueux d'*Infinite Reach*, les Etats-Unis envoient des missiles de croisière sur d'anciens camps d'entraînement à peu près vides en Afghanistan[81], ainsi que sur une usine pharmaceutique au Soudan, sans rapports connus avec le terrorisme. Une attaque qui fera de Ben Laden un « symbole de la résistance à l'Ouest »[82]. Le gouvernement américain met aussi la tête de Ben Laden à prix pour 5 millions de dollars. En juin 1999, il est placé par le département américain de la Justice sur la liste des dix criminels les plus recherchés au monde.

---

[78] Jean-Charles Brisard et Guillaume Dasquié, *Ben Laden La vérité interdite*, 2002, p.224

[79] Pierre Abramovici, "L'Histoire secrète des négociations entre Washington et les Talibans », *Le Monde Diplomatique*, janvier 2002

[80] Idem

[81] "Inside The Ring : Missing bin Laden", *Washington Times*, 18/9/2008

[82] Peter L. Bergen, *Holy War Inc., Inside the Secret World of Osama bin Laden*, The Free Press, New York, 2001, p.38

Unocal ferme ses bureaux en Afghanistan et au Pakistan[83] et Washington prend officiellement ses distances avec les Talibans, qui ont désormais mauvaise presse. Le mouvement *Feminist Majority* fait campagne contre la firme Unocal, l'accusant de soutenir les Talibans qui asservissent les femmes. Hilary Clinton apporte son soutien au mouvement.

L'intérêt des Etats-Unis pour le gazoduc afghan n'a pas disparu pour autant. Si l'on ne peut s'allier aux Talibans, on les attaquera. Les « faucons » l'emportent sur les « colombes ».

Une réunion du groupe de contact international sur l'Afghanistan créé sous les auspices de l'ONU a encore lieu à Berlin en juillet 2001, où le représentant américain aurait menacé les Talibans :

> *Au cas où les Talibans ne se conduiraient pas comme il faut, et où le Pakistan échouerait à les faire se conduire comme il faut, les Américains pourraient user une autre option qualifiée de "non dissimulée" contre l'Afghanistan. (...) Les mots utilisés étaient "une tion militaire"[84] ». Cette opération militaire aurait lieu avant les chutes de neige, au plus tard à la mi-octobre.[85]*

Deux jours avant le 11 Septembre le Président Bush reçut des plans détaillés d'une action militaire contre Al Qaida en Afghanistan.[86] Le but de cette directive ultra-secrète était « d'effacer Al Qaida de la surface de la terre ». C'était quasiment le plan que la Maison Blanche, la CIA et le Pentagone mirent en œuvre après le 11 Septembre. Le plan comprenait une demande au gouvernement taliban de remettre leur leader Oussama Ben Laden aux Etats-Unis, avec une menace d'usage de la force en cas de refus.

---

[83] Jean-Charles Brisard et Guillaume Dasquié, *Ben Laden la vérité interdite*, 2002, p.62

[84] "Quand Washington négociait avec les Talibans", *Le Monde*, 13/11/2001

[85] "US planned attack on Taleban", *BBC News*, 18/09/2001

[86] Jim Miklaszewski, Alex Johnson, U.S.Sought Attack on Al Qaida, *NBC News*, May 16, 2002

On comprend mieux la petite phrase du Président Bush immédiatement après les attaques du 11 Septembre : « Nous sommes en guerre... Quelqu'un va payer » ; ainsi que sa déclaration le lendemain matin : « Ce n'étaient pas des actes de terreur : c'étaient des actes *de guerre* ». Les plans de la riposte étaient déjà sur son bureau : « L'administration put probablement répondre si rapidement aux attaques parce qu'il n'y avait qu'à prendre les plans sur l'étagère ».[87]

Les attaques du 11 Septembre - supposés être une pure surprise - semblent s'inscrire dans une continuité d'intention. Le pouvoir qui prônait la mainmise sur les ressources pétrolières extérieure, établissait l'inventaire des ressources pétrolières irakiennes, espérait un nouveau Pearl Harbor et menaçait les Talibans après les avoir soutenus, serait-il complètement étranger à ces attaques ?

---

[87] Idem

4 L'IMPOSSIBLE ARRESTATION DE BEN LADEN

Quelle que soit l'ampleur de la trame mensongère, elle ne parviendra jamais à recouvrir la texture entière du réel
Hannah Arendt

Le 20 septembre 2001, le Président Bush lance un ultimatum au régime taliban, au pouvoir en Afghanistan :

Livrez aux autorités américaines tous les dirigeants d'Al Qaida qui se cachent sur votre territoire... Ces exigences ne sont pas sujettes à négociation ou à discussion. Les Talibans doivent agir et le faire immédiatement. Ils doivent livrer les terroristes ou ils partageront leur sort[88].

Les principaux dignitaires religieux afghans demandent « à l'Emirat islamique d'Afghanistan d'encourager Oussama Ben Laden à quitter le pays de son propre gré».[89] Le code tribal de protection des Talibans est extrêmement puissant[90]. Cependant ils répondent qu'ils sont prêts à livrer Ben Laden, à condition de recevoir les preuves de son implication dans le 11 Septembre. Mais l'ultimatum américain exclut toute négociation. Les premiers bombardements débuteront deux semaines plus tard.

Les Américains croyaient-ils que Mohammed Omar, chef des Talibans, allait leur livrer Ben Laden, leur fournisseur d'armes et d'argent ? « Des deux hommes, personne n'a ja-

---

[88] « Address to a Joint Session of Congress and the American People", 20/09/2001

[89] Ben Laden peut partir «de son plein gré», RFI, 21/09/2001

[90] Peter Bergen, *Holy War Inc., Inside the Secret World of Osama bin Laden*, The Free Press, New York, 2001, p.161.

mais réellement su lequel exerçait la plus grande autorité sur l'autre » remarquent Jean-Charles Brisard et Guillaume Dasquié.[91] Et surtout, les Américains voulaient-ils *vraiment* que les Talibans leur livrent Ben Laden ? L'histoire montre en tout cas un manque étonnant de zèle à l'arrêter.

1) Dix ans plus tôt, en 1992, Ben Laden était au Soudan, où les autorités proposèrent, en 1996, de le remettre aux Américains. Ceux-ci refusèrent, en utilisant des arguments contradictoires : officiellement parce que le FBI estimait qu'il n'y avait « pas de preuves suffisantes contre lui pour le juger » ;[92][93] officieusement parce qu'il aurait été « plus facile de le tuer en Afghanistan ».[94] Les Etats-Unis invoquaient donc à la fois un argument légal et un projet de liquidation extra-légale. Fatale erreur, car « en Afghanistan, [Ben Laden] constituerait une menace beaucoup plus importante qu'au Soudan ».[95]

Les Américains favorisèrent donc le départ vers l'Afghanistan de Ben Laden et sa suite de 150 personnes en mai 1996, dans un C130 de l'armée pakistanaise.[96] Au cours d'une escale pour ravitaillement au Qatar (accordée avec le feu vert des Etats-Unis[97]), Ben Laden fut chaleureusement accueilli par des officiels du gouvernement qatari.[98]

Un agent des renseignements américains impliqué dans les négociations avec le ministre de la défense soudanais, a déclaré que leurs efforts pour mettre la main sur Ben Laden

---

[91] Jean-Charles Brisard et Guillaume Dasquié, *Ben Laden la vérité interdite*, 2002, p.83

[92] Ben Laden, du bigotisme au terrorisme, *Le Monde.fr*, 2/5/2011

[93] En 1995, des éléments de l'enquête sur l'attentat contre le World Trade Center de 1993 établissaient portant plusieurs liens avec Ben Laden, Cfr : Brisard et Dasquié, p.223

[94] State Dept. Says It Warned About bin Laden in 1996, *New York Times*, 17/8/2005

[95] Peter L. Bergen, *Holy War, Inc.*, p.91.

[96] Richard Labévière, *Les dollars de la terreur*, 1999, p.119

[97] Eric Laurent, *La face cache du 11 Septembre*, p.177

[98] *Los Angeles Times*, 01/09/2002

furent « bloqués par une branche du gouvernement fédéral : je n'avais jamais fait face à un tel mur auparavant ».[99]

Le journaliste Richard Labévière avance l'explication suivante : « Une instruction judiciaire concernant Ben Laden ferait apparaître au grand jour les incohérences et les effets non avouables de la doctrine Brzezinski », à savoir le soutien américain aux islamistes radicaux - que Labévière baptise *Ben-Ladengate*.[100] On peut douter de cette explication, puisque le chef de la CIA Robert Gates avait déjà dévoilé à cette époque le secret du soutien aux islamistes afghans dans les années 1980 (voir Chapitre 5).[101] Ben Laden et les islamistes auraient-ils eu une nouvelle mission à remplir en Afghanistan ?

2) A la même époque, au lendemain d'un attentat contre un bâtiment logeant du personnel de l'armée américaine en Arabie saoudite en juin 1996, où 19 Américains et un Saoudien furent tués, les autorités de Ryad refusèrent que le FBI enquête sur Ben Laden. Plutôt que d'exercer une pression énergique sur son allié saoudien, le Président Clinton se contenta d'une enquête discrète, hors du cadre judiciaire, menée par le général Wayne Downing, spécialiste de l'antiterrorisme.[102]

3) Deux ans plus tard, en 1998, un plan envisageait de faire capturer Ben Laden par un groupe tribal afghan, puis de le remettre à l'armée américaine, afin qu'il soit transféré et jugé aux Etats-Unis. Une répétition générale de l'enlèvement eut lieu en mai, mais le directeur général de la CIA, George Tenet, annula l'opération au dernier moment.

Aucun projet de capture de Ben Laden n'atteint plus jamais un tel degré de précision. Au lieu de cela, Tenet se contenta de *demander* au chef des services secrets saoudiens, le

---

[99] "Thanks, But No Thanks", *The Village Voice*, 6/11/2001.

[100] Richard Labévière, *Les coulisses de la terreur*, 2002, p.78 et 166

[101] Robert Gates, *From the Shadows*, 1996

[102] Jean-Charles Brisard et Guillaume Dasquié, *Ben Laden la vérité interdite*, p.60.

prince Turki bin Faisal, de *demander* aux Talibans d'expulser Ben Laden, puis de le remettre aux Américains.[103] On ne peut manquer de sourire à la naïveté d'une telle demande, alors que les Saoudiens avaient fait obstacle à l'enquête sur l'attentat commis sur leur territoire en 1996.

Rappelons aussi l'opération *Infinite Reach*, d'août 1998 sur des camps vidés peu auparavant qui n'avait tué, selon Ben Laden, que « quelques poules et quelques chameaux ».[104]

4) A un moment donné, le Président Clinton donna l'autorisation écrite de tuer Ben Laden, au cas où les tribus afghanes ne pourraient pas le prendre vivant. George Tenet prétendit devant la Commission sur le 11 Septembre que cette autorisation n'avait jamais été donnée, alors qu'un document l'attestant a été retrouvé (*NSC Memo, Berger to President Clinton, Dec 24, 1998*).[105] Cet épisode mérite qu'on se pose deux questions : le chef de la CIA obéissait-il aux ordres du Président Clinton ? Sinon, à qui obéissait-il ?

5) Michaël Scheuer, chef de l'unité Ben Laden de la CIA - dénommée *Alec Station* - depuis sa création en 1996 jusqu'en 1999, considère qu'il « a donné au gouvernement environ dix chances de capturer ou de tuer le dirigeant terroriste » et que toutes ont été bloquées au plus haut niveau.[106] Certains de ses collègues pensent qu'il a été renvoyé de son poste parce qu'il était devenu « trop passionné par la menace que représentait Ben Laden » et qu'il était furieux à cause de deux occasions manquées de l'assassiner.[107]

6) Du côté du FBI, John O'Neill, chargé de l'ensemble des enquêtes sur les actes terroristes d'Al Qaida, fustigeait

---

[103] *The 9/11 Commission Report*, pp.111-115
[104] "Inside The Ring : Missing bin Laden", *Washington Times*,18/9/2008
[105] *The 9/11 Commission Report*, p.132-133
[106] "The Path To 9/11", *Vanity Fair*, November 2004
[107] Steve Coll, *Ghost Wars: The Secret History of the CIA, Afghanistan, and Bin Laden, from the Soviet Invasion to September 10, 2001*, 2004

l'attitude des diplomates américains contre l'enquête qu'il menait au Yémen après l'attentat contre l'USS Cole en octobre 2000 dans le port d'Aden - qui avait tué dix-sept marins américains et blessé trente-neuf autres - attentat revendiqué par la branche locale d'Al Qaida.

En janvier 2001, l'ambassadeur américain au Yémen, Barbara Bodine empêcha l'entrée de John O'Neill sur le territoire yéménite. « Pourtant selon John O'Neill, le FBI avait en main tous les éléments permettant de mettre en cause les réseaux d'Ousama Ben Laden dans cet attentat »[108].

O'Neill « se plaignait amèrement de l'obstructionnisme pratiqué par le Département d'Etat américain – et derrière lui le lobby pétrolier qui constituait l'entourage du Président Bush – à l'encontre des tentatives visant à prouver la culpabilité de Ben Laden. »[109] Il quitta le FBI en août 2001 pour protester contre ces obstructions. Par une étrange coïncidence, il accepta le poste de chef de la sécurité au World Trade Center, où il trouva la mort le 11 septembre.

7) Il existait même chez les Talibans une volonté de négocier le sort de Ben Laden. « Le 27 septembre 2000, le vice-ministre taliban des Affaires étrangères Abdul Rahman Zahid, lors d'une conférence au Middle East Institute de Washington, expliqua que 'le cas Ben Laden devrait bientôt trouver une solution favorable' ».[110]

« Des observateurs des Talibans notaient qu'il existait une scission entre les extrémistes et les modérés, qui souhaitaient plus de contacts avec l'Ouest et auxquels Ben Laden donnait la migraine ».[111]

Des officiels afghans demandèrent à Ben Laden de suspendre ses activités politiques et militaires dès février 1999, confisquant ses téléphones par sa-

---

[108] Brisard, Dasquié, p.23

[109] Marlowe Sara, « US Efforts to Make Peace Summed Up by Oil, Irish *Times*, 19/11/2001

[110] Richard Labévière, *Les coulisses de la terreur*, 2002, p.35

[111] Bergen, *Holy War, Inc.* p.153.

tellites et lui attribuant une garde de dix hommes chargés de surveiller ses mouvements. Après cela Ben Laden cessa de donner des interviews aux médias internationaux.[112]

Comme pour sauver les meubles, Mollah Omar déclara, en juin 2001, que les fatwas de Ben Laden étaient « nulles et non avenues » et qu'il n'avait pas l'autorité religieuse pour les émettre.[113]

En juin 2001, Le Village Voice rapportait sans doute l'information la plus importante de l'année. Selon Leila Helms, nièce de l'ancien directeur de la CIA, qui était en contact permanent avec les Talibans, dont elle était l'attachée de presse depuis des années :

L'ambassadeur itinérant des Talibans, Rahmatullah Hashami, un homme jeune parlant parfaitement l'anglais, avait rencontré en mars 2001 le directeur de la CIA, George Tenet, et des représentants du Département d'Etat. Lors de cette réunion, l'ambassadeur proposa que les Talibans retiennent Ben Laden quelque part, assez longtemps pour que les Etats-Unis puissent le localiser et le tuer. Les Etats-Unis refusèrent.
[114]

Cet envoyé des Talibans court-circuitait le représentant officiel des Talibans Hakim Mojahed, résidant à New York - que Leila Helms considérait comme dépassé par la situation. Il est intéressant de remarquer que celle qui était considérée comme l'attachée de communication des Talibans aux Etats-Unis, n'avait aucune estime pour Ben Laden qu'elle traitait de « conducteur de tracteurs », ou même de « verrue » dont les Talibans avaient hérité.

Six mois avant le 11 Septembre, les Talibans - peut-être conscients d'être pris dans un jeu qui les dépassait - étaient donc prêts à livrer Ben Laden aux Etats-Unis. Cet épisode montre qu'une nouvelle possibilité de se protéger de Ben La-

---

[112] Bergen, idem, p.164
[113] Ibid.
[114] "The Accidental Operative", *The Village Voice*, 12/06/2001.

den fut rejetée par les Etats-Unis, mais aussi que les Talibans n'étaient pas ces adversaires intraitables, avec lesquels il était impossible de négocier.

C'est pourtant l'image qu'ils semblaient envoyer en détruisant, en mars 2001, les bouddhas géants de Bamiyan, statues de 40 à 50 mètres de hauteur sculptées dans la roche 500 ans plus tôt, déclenchant les protestations de l'UNESCO et du monde entier.

Un documentaire culturel, « Les Bouddhas Géants » de Christian Frei (ZDF, 2005)[115], révèle que les Talibans locaux refusèrent de démolir les statues comme l'ordonnait le mollah Omar, proche de Ben Laden. On y apprend incidemment aussi que les explosions ont été réalisées par des ingénieurs venus d'Arabie saoudite et du Pakistan, et qu'une équipe de télévision d'Al Jazeera se trouvait « clandestinement » sur place, comme pour assurer la promotion mondiale de l'événement.

On voit mal l'utilité politique de ces destructions, si ce n'est de mettre de l'huile sur le feu et de disqualifier les Talibans aux yeux du monde. Cette action fit tourner court à l'amorce de plan de paix négocié avec les Talibans sous l'égide de l'ONU.

Ce qui confirme qu'il existait plusieurs tendances au sein des Talibans, et que Bush et la CIA ne semblaient s'intéresser qu'à celle qui menait à la guerre. L'assassinat du commandant Massoud – adversaire des Talibans - revendiqué par Al Qaida le 9 septembre 2001 contribua également à saboter une paix possible.[116]

8) Un des éléments les plus surprenants (et controversé) du parcours d'Oussama Ben Laden est sa rencontre avec un représentant de la CIA deux mois avant le 11 Septembre. Même si elle est démentie par la CIA, les faits semblent bien recoupés. Ben Laden aurait été hospitalisé à l'Hôpital Améri-

---

[115] *www.giant-buddhas.com/fr/bamiyan/*
[116] « Vie et mort des assassins de Massoud », *Le Monde* 19/4/2005

cain de Dubaï pour un problème rénal grave du 4 au 14 juillet 2001, avant de retourner au Pakistan. Des témoins rapportent que le 12 juillet il reçut la visite du représentant local de la CIA.[117] Radio France Internationale a confirmé l'information en donnant le nom de l'agent, Larry Mitchell, qui agissait sous couverture « d'agent consulaire » à Dubaï.[118] Agent consulaire qui quittera définitivement l'émirat le 15 juillet 2001, pour un *voyage de noces*, et qu'aucun journaliste n'a plus jamais un rencontré.[119] Selon Richard Labévière, la rencontre entre Ben Laden et l'agent de la CIA avait été organisée par le Prince Turki bin Faisal, chef des services secrets saoudiens.[120]

9) Il faut aussi signaler qu'à la même époque, Richard Clarke, chef du contre-terrorisme au Conseil de sécurité nationale, faisait pression pour que des drones Predator localisent et liquident Ben Laden. En juin 2001, eut même lieu un test d'assassinat de Ben Laden. Une réplique exacte de sa maison de briques de Kandahar fut construite dans le Nevada et détruite par un missile Predator, mais ce plan fut à nouveau contrecarré par la CIA.

Le 4 septembre 2001, lors d'une réunion du cabinet Bush sur le terrorisme, le plan d'assassinat au missile Predator se vit opposer le veto absolu du directeur de la CIA, George Tenet, qui déclara que son agence n'opérerait jamais le Predator armé, "jamais de la vie !"[121].

Ceci une semaine avant le 11 Septembre...

10) Deux mois après les attaques du 11 Septembre, en novembre 2001, Ben Laden était traqué dans les montagnes de Tora Bora. Les Américains firent appel à des commandants afghans.

---

[117] « Juillet 2001 : Ben Laden rencontre la CIA à Dubaï, *Figaro*, 31/10/2001.

[118] "Ben Laden et la CIA : les détails de la rencontre », RFI 01/11/2001.

[119] Richard Labévière, *Les Coulisses de la terreur*, Grasset, 2003, p. 29

[120] "CIA rejects claim it sought Osama deal before 9/11, Reuters, 14/11/2003.

[121] Nafeez Mosaddeq Ahmed, *La Guerre contre la vérité*, 2006, p.118

> *[Un de ceux-ci] tente d'expliquer aux Américains qu'avant de passer à l'offensive, il conviendrait d'encercler hermétiquement le massif, pour prévenir toute fuite vers le Pakistan des hommes d'Al Qaida (…) Lorsque le 16 décembre 2001, la redoute de Tora Bora tombe enfin, on ne fait que quelques dizaines de prisonniers (…) Tous les autres combattants d'Al Qaida – plus d'un millier [y compris Ben Laden] – ont réussi à s'échapper par la montagne vers les zones tribales pakistanaises.*[122]

Tandis que Ben Laden était traqué à Tora Bora, Gary Berntsen, qui dirigeait l'équipe de la CIA opérant en Afghanistan, demanda que 800 soldats américains soient déployés le long de la frontière pakistanaise, afin que Ben Laden ne puisse pas s'échapper, comme certains commandants afghans l'avaient prévu. Sa demande fut refusée. Le Pentagone ne déploya pas les troupes nécessaires, et *des alliés afghans des Américains* aidèrent les combattants de Ben Laden à s'enfuir.[123]

Le refus d'envoyer les soldats est confirmé par un rapport du Sénat américain le 28 novembre 2009, qui fournit l'explication suivante : « Donald Rumsfeld avait averti qu'une trop forte présence américaine dans cette région risquait de se retourner contre les Etats-Unis. Il avait également estimé qu'aucun élément ne permettait de localiser Ben Laden de manière sûre. »[124] Rumsfeld prétendait, à l'opposé de l'officier de la CIA sur place, que Ben Laden était aussi difficile à trouver « qu'une aiguille dans une botte de foin ».[125]

Outre le fait de ne pas recevoir les troupes qu'il avait demandées à Tora Bora, Berntsen fut écarté de son poste et remplacé par Richard Blee, très proche du directeur de la CIA George Tenet.[126] Blee avait déjà pris la place en juin 1999 du

---

[122] « Comment les Américains ont laissé échapper Ben Laden », *Figaro*, 19/06/2002

[123] NBC News : www.nbcnews.com/id/10639901/#.V7rqQ1uLTcs

[124] *Nouvelobs.com*, 29/11/2009

[125] Nafeez Mosaddeq Ahmed, *Idem*, p.120

[126] « Je ne pouvais pas croire qu'ils fassent cela au milieu de la bataille la plus importante de cette guerre » écrit Gary Berntsen, in « *Jawbreaker: The Attack*

chef de l'unité Ben Laden, Michaël Scheuer, qui se plaignait des blocages de l'arrestation de Ben Laden « au plus haut niveau ». Lorsque le chef du Centre Contreterroriste Cofer Black critiqua dans le *Washington Post* le manque de troupes envoyées au sol en Afghanistan, Donald Rumsfeld le fit renvoyer de la CIA.[127]

Le général Tommy Franks, chef d'état-major responsable de l'opération militaire post-11 Septembre en Afghanistan a d'ailleurs révélé que la localisation et la capture d'Oussama Ben Laden *ne faisait pas partie* des missions de son opération.[128] Le général Myers, chef d'état major de l'armée américaine, le confirma en présence de Donald Rumsfeld, lors d'une interview sur CNN en 2002 : « Le but n'a jamais été de capturer Ben Laden ».[129] « Propos qu'il avait ensuite démenti, sur un ton extrêmement embarrassé ».[130]

11) Dans le contexte du laxisme à l'égard de Ben Laden, il faut ajouter que le FBI recherchait Ben Laden pour les attentats en Tanzanie et au Kenya, mais pas pour ceux du 11 Septembre.[131] Le porte-parole du FBI a déclaré en 2006 que le FBI « n'avait pas de preuves certaines reliant Ben Laden au 11 Septembre ».[132]

12) Etonnant aussi que l'objectif affirmé en 2011 par le Président Obama de « capturer Oussama Ben Laden et le présenter à la justice » n'ait pas été réalisé, alors qu'il se trouvait

---

on Ben Laden and Al Qaeda: A Personal Account by the CIA's Key Field Commander », 2005, p.305.

[127] "US Concludes Bin Laden Escaped at Tora Bora", *Washington Post,* 17/4/2002; Richerd Sale, "Embarassed Rumsfeld Fired CIA Official", UPI, 28/7/2004.

[128] "General: Capturing Ben Laden is not part of mission", *USA Today,* 08/11/2001.

[129] "Interview With General Richard Myers", *CNN,* 6/4/2002

[130] Laurent, Eric, *La face cache du 11 Septembre,* p.43

[131] Bin Laden, Most Wanted For Embassy Bombings?, *Washington Post,* 28/8/2006

[132] *www.informationclearinghouse.info/article13664.htm*

désarmé dans sa villa d'Abbottabad.

Selon l'article 11 de la Déclaration universelle des droits de l'homme :

« Toute personne accusée d'un acte délictueux est présumée innocente jusqu'à ce que sa culpabilité ait été légalement établie au cours d'un procès public… » Une disposition qui peut se lire, a contrario, de la manière suivante : une personne soupçonnée d'un crime mais qui trouve la mort avant d'avoir été reconnue coupable par un tribunal demeure, pour toujours, présumée innocente[133].

Comment se fait-il que l'état démocratique le plus puissant du monde ait été incapable d'assumer le procès d'un adversaire à terre ? Fallait-il continuer à entretenir le peur ? Etonnant aussi qu'un simple entrefilet du *New York Times* révèle en 2013 que les dossiers concernant le raid contre Ben Laden ont été effacés des ordinateurs du Pentagone et transférés à la CIA, où il sera plus facile d'éviter qu'ils soient jamais rendus publics. Ce transfert viole les règles concernant les archives fédérales et contourne le Freedom of Information Act »[134], en vertu de « l'exemption opérationnelle dont bénéficie l'Agence ».[135] A la place, le public dispose d'une reconstitution hollywoodienne.[136]

Seymour Hersch, célèbre journaliste d'investigation américain, a révélé le massacre de My Lai au Vietnam (ce qui lui valut le prix Pulitzer), ainsi que les sévices infligés dans les prisons d'Abou Ghraib. A cause de la chape de silence qui pèse désormais sur le 11 Septembre, ce grand journaliste n'est pas parvenu à publier son enquête sur l'élimination de Ben Laden dans un journal américain, mais seulement en 2015 dans un magazine anglais, la *London Review of Books*. Ce travail écorne la légende, en affirmant que, depuis sa fuite de Tora

---

[133] Mehdi Ba, *11 Questions sur le 11 Septembre*, 2011, p.199
[134] « Ben Laden raid records sent to C.I.A. », The Global Edition of *the New York Times*, 09/07/2013
[135] Seymour Hersch, *L'élimination d'Oussama Ben Laden*, 2015, p.81
[136] Zero Dark Thirthy, 2013

Bora en 2001, Ben Laden se trouvait sous surveillance dans les zones tribales du Pakistan, avant d'être prisonnier des services de renseignement pakistanais à Abbotabad à partir de 2006[137], moment où la CIA ferma d'ailleurs l'unité Ben Laden. Pour Michael Scheuer, qui a créé cette unité, sa fermeture signifiait que Ben Laden n'était plus une menace.[138] Seymour Hersch conclut que l'assassinat de Ben Laden, dix ans après le 11 Septembre, n'était qu'une « mise en scène politique… un des facteurs qui ont contribué à la réélection d'Obama ».[139]

---

[137] Seymour Hersch, idem, p.22

[138] C.I.A. Closes Unit Focused on Capture of bin Laden, *New York Times, 4/7/2006*

[139] Seymour Hersch, Idem, p.19

5 ENNEMI OU AGENT ?

On ne peut rien fonder sur l'opinion : il faut d'abord la détruire

Gaston Bachelard

Le Parti disait que l'Océania n'avait jamais été l'alliée de l'Eurasia. Lui, Winston Smith, savait que l'Océania avait été l'alliée de l'Eurasia pas plus tard qu'il y a quatre ans. Mais où existait ce savoir ? Uniquement dans sa propre conscience qui, dans tous les cas, serait bientôt anéantie.

Georges Orwell, *1984*

Le fait qu'on n'arrête pas *d'arrêter d'arrêter* Ben Laden incite à transformer une certitude en question : Ben Laden, désigné comme l'ennemi numéro 1 des Etats-Unis, *l'était-il vraiment* ? Remplacer une affirmation par une question est l'essence de la rationalité.

Ben Laden « ennemi public des Etats-Unis » est considéré comme une évidence, une donnée de base. A bien y regarder, il s'agit plutôt un axiome – c'est-à-dire une affirmation posée au départ, un élément fondamental qu'on ne cherche pas à démontrer. On peut même parler de *dogme*, puisque sa mise en question déclenche la réprobation. Or, de quelles données disposons-nous sur Ben Laden, en dehors de récits de seconde main ? Combien de journalistes, de policiers ou de diplomates l'ont rencontré ?

Oussama Ben Laden n'a donné que cinq interviews à des médias occidentaux. La plus grande partie de ce que nous « savons » de lui relève de l'imaginaire. Nous sommes captivés par un récit *global*. Il s'agit moins de faits que de *storytelling*. Et ces histoires divergent, même sur des données élémentaires.

Des journalistes, qui ont eu accès aux données des renseignements français, le considèrent comme diplômé en ingénierie civile en 1979 à Jeddah[140], tandis que CNN, sur base d'une interview de Ben Laden à Al Jazeera, affirme qu'il a obtenu un diplôme en économie et administration publique à Jeddah en 1981[141] (alors qu'il était déjà supposé être engagé dans la résistance afghane). D'autres auteurs écrivent qu'il avait deux diplômes : économie et marketing de l'Université de Jeddah, et ingénieur à l'Université de Riyadh.[142]

Notre image de Ben Laden n'est *qu'une image*, souvent douteuse, car même les vidéos où il apparaît sont sujettes à caution. On a ainsi découvert qu'un portrait robot de Ben Laden diffusé par le FBI en 2009 s'inspirait des traits d'un homme politique espagnol connu pour ses positions anti-américaines, pure fantaisie donc.[143]

Le rôle de Ben Laden dans les attaques du 11 Septembre elles-mêmes est entouré de brouillard. Le 16 septembre 2001, il émettait un communiqué affirmant : « Je ne l'ai pas fait ». Le 28 septembre, il confirmait dans un quotidien pakistanais : « J'ai déjà dit que je ne suis pas impliqué dans les attaques du 11 septembre ». Le 7 novembre, il déclarait encore à un journaliste pakistanais : « Je n'ai aucun lien avec les attaques menées aux Etats-Unis, mais je les approuve ».[144]

Le 13 décembre, le Pentagone diffusait une vidéo où Ben Laden affirme qu'il était *au courant* de l'opération.[145] Rappelons aussi que le FBI n'a *jamais* poursuivi Ben Laden pour

---

[140] Brisard, Jean-Charles et Dasquié, Guillaume, *Ben Laden la vérité interdite*, Denoël, 2002, p.221

[141] Bergen, *Holy War Inc., Inside the Secret World of Osama bin Laden*, The Free Press, New York, 2001, p.47

[142] John Cooley, *Unholly Wars, Afghanistan, America and International Terrorism*, 2002, p.202

[143] "Le FBI emprunte les traits d'un homme politique espagnol pour le portrait robot de Ben Laden », *Lemonde.fr*, 16/1/2010

[144] Eric Laurent, *La face cachée du 11 Septembre*, p.245-7

[145] La cassette d'Oussama Ben Laden, *Monde*, 15/12/2001

les attentats du 11 Septembre.[146] Il n'aurait assumé la responsabilité complète des attaques que dans un message au peuple américain beaucoup plus tardif, le 23 mai 2006 : « Je suis personnellement responsable de l'attribution des rôles aux dix-neuf frères pour mener ces conquêtes… ».[147] Or, comme on l'a vu plus haut, il n'est pas certain qu'il disposait de sa liberté de parole et de mouvement à ce moment.

Toute démarche rationnelle se fonde sur des hypothèses. L'hypothèse « Ben Laden ennemi public des Etats-Unis » suppose une mutation du personnage, changeant radicalement d'attitude à l'égard des Etats-Unis à un moment donné.

Une autre hypothèse peut être formulée, respectant le *principe d'inertie* selon lequel, en politique comme en physique, « tout corps poursuit son mouvement rectiligne, en l'absence d'influence extérieure ». Cette hypothèse est plus compatible avec l'ensemble des faits connus : Ben Laden n'aurait-il pas *toujours été utilisé* par les Etats-Unis?

Ce fut le cas de 1980 à 1989, lorsqu'il dirigeait les moudjahidines, entraînés, armés et organisés par la CIA pour lutter contre l'armée soviétique en Afghanistan. Certains pensent qu'il s'agit d'une thèse conspirationniste, alors que c'est la thèse officielle de la justice américaine au procès de New York en février 2001, sur les attentats des ambassades américaines du Kenya et de Tanzanie en 1998 (*United States vs Bin Laden*) :

> *La théorie de l'accusation est que le réseau de Ben Laden trouve son origine à la fin de la guerre en Afghanistan, que les Etats-Unis ont soutenue. Les Etats-Unis financèrent les rebelles Moudjahidines pour chasser l'envahisseur soviétique de l'Afghanistan. L'accusation plaidera dans sa déclaration initiale qu'à la fin des années1980, Ben Laden a ouvert pour les réfugiés et les combattants un abri qui est devenu un camp militaire,*

---

[146] Bin Laden, Most Wanted For Embassy Bombings?, *Washington Post*, 28/8/2006

[147] Ben Laden affirme que Moussaoui n'a aucun lien avec les attentats du 11 Septembre, *Le Monde*, 24/5/2006

> *avec un objectif qui a changé : au lieu de combattre les Soviétiques, ils*
> *combattaient les Etats-Unis qui, à leurs yeux, étaient des infidèles dont*
> *l'armée occupait des lieux saints comme l'Arabie saoudite et qui faisaient*
> *des choses avec lesquelles Ben Laden n'était pas d'accord politique-*
> *ment.* [148]

Ce récit implique un retour d'une vingtaine d'années en arrière. En 1978, le prince saoudien Turki bin Faisal – chef des services secrets saoudiens et « officier traitant d'Oussama Ben Laden »[149] (alors âgé de 22 ans) l'avait chargé de fonder la « Légion islamique afghane», qui combattit l'armée soviétique de 1979 à 1989. Cette légion était constituée de moudjahidines (combattants musulmans) aidés de mercenaires étrangers, entraînés, armés et organisés en sous-main par la CIA.

Zbygniev Brzezinski, conseiller à la sécurité nationale du Président Carter, a confirmé cette stratégie en rappelant que Carter avait signé, en juillet 1979, une directive pour l'assistance clandestine aux opposants prosoviétiques du régime de Kaboul, dans le but de provoquer une invasion de l'Afghanistan par l'armée soviétique, qui deviendrait leur Vietnam. Action que Brzezinski considère comme un coup de maître ayant entraîné l'effondrement de l'Union Soviétique (voir plus loin).[150]

L'ancien directeur de la CIA Robert Gates a révélé dans ses mémoires parues en 1996[151] que les services secrets américains ont commencé à soutenir la rébellion afghane en Afghanistan six mois *avant* l'intervention soviétique. [152] L'action de Ben Laden se déroulait dans le cadre du « programme afghan » de la CIA - dont le nom de code était

---

[148] *"Phil Hirschkorn: Embassy bombings trial a U.S. priority"*, CNN, 04/02/2001.
[149] Richard Labévière, *Les dollars de la terreur*, p.122
[150] *Le Nouvel Observateur*, 15 janvier 1998
[151] Robert Gates, « *From the Shadows* », 1996
[152] Idem

« Opération Cyclone »[153]. Les Etats-Unis et l'Arabie saoudite fournirent 40 milliards de dollars d'aide financière et d'armes à près de cent mille moudjahidines et « Arabes Afghans » provenant de quarante pays musulmans par l'intermédiaire de l'ISI, service secret pakistanais.[154] A noter que l'Angleterre aussi était secrètement impliquée dans le soutien aux rebelles afghans, principalement sous forme d'entraînement militaire.[155]

Ben Laden change de camp ?

On situe le changement de camp de Ben Laden en 1990, moment où l'Arabie saoudite accepta l'arrivée de 300.000 soldats américains pour riposter à l'invasion du Koweït par l'Irak.[156] Ben Laden le confirme dans une interview donnée à Robert Fisk peu après le 11 septembre 2001 :

> *« Quand les troupes américaines ont pénétré dans le pays des deux lieux saints, les oulémas [autorités religieuses] et les étudiants de la charia ont protesté vigoureusement dans tout le pays contre l'intervention des soldats américains m'a dit Ben Laden. Le régime saoudien, en commettant la grave erreur d'inviter les troupes américaines, a révélé sa duperie. Il a apporté son soutien à des nations qui combattaient les musulmans ».[157]*

Ben Laden aurait proposé au roi Fahd de mettre ses quelques milliers d'hommes à son service pour libérer le Koweït sans recourir aux Américains. Idée saugrenue et peu crédible face à l'Irak, quatrième puissance militaire du monde,

---

[153] L'Opération Cyclone est le sujet du film américain *Charlie Wilson's War*, (Mike Nichols 2007), basé sur le livre du journaliste américain de CBS News, George Crile III *"Charlie Wilson's War: The Extraordinary Story of the Largest Covert Operation in History"* (2003).

[154] *https://en.wikipedia.org/wiki/Operation_Cyclone*

[155] Mark Curtis, Secret Affairs Britain's Collusion with Radical Islam, London 2012, p.134

[156] Gerald Posner, *Why America Slept: The Failure to Prevent 9/11*, 2003, p.40-42.

[157] Oussama Ben Laden par Robert Fisk, *Le Monde*, 2/5/2011

disposant à l'époque de plus d'un million d'hommes. Quoi qu'il en soit, Ben Laden, quitte l'Arabie saoudite pour s'installer au Soudan parce qu'il aurait été mécontent de l'alliance américano-saoudienne.[158] En 1994 il est déchu de sa nationalité saoudienne, en 1996 il lance une déclaration de guerre contre les Etats-Unis, et en 1998 il annonce son intention de s'attaquer aux Américains et à leurs alliés, militaires ou civils, partout dans le monde[159].

Ben Laden – qui a combattu les Soviétiques pendant dix ans avec le soutien des Américains – serait soudain devenu allergique à leur présence en Arabie saoudite et leur ennemi juré. On dit qu'il « se retourne contre ses anciens maîtres ».[160] On peut douter de cette théorie qui épouse le *storytelling* de la justice américaine.

Une théorie qui semble postérieure à 1996, puisque jamais auparavant Ben Laden ne semble avoir exprimé publiquement son animosité à l'égard des Etats-Unis ou de l'Arabie saoudite. Dans sa première interview donnée à un journaliste occidental, Robert Fisk en 1993, Ben Laden ne fait aucune allusion à sa crise de conscience lors de l'arrivée des troupes américaines en Arabie saoudite (trois ans auparavant).

Dans cette interview, il passe pour un guerrier reconverti en mécène, construisant des routes au Soudan, avec ses anciens moudjahidines comme ouvriers. Evoquant les années passées à combattre les Soviétiques en Afghanistan, il prétend n'y « avoir vu *aucun signe* d'aide américaine ».[161]

La CIA agissait derrière le paravent des services pakistanais et saoudiens, mais Ben Laden était-il aveugle au point de ne rien déceler des 40 milliards d'armes et de dollars américains, alors que « trois cent mille combattants fondamenta-

---

158 Brisard et Dasquié, p.222
159 *www.fas.org/irp/world/para/docs/980223-fatwa.htm*
160 Richard Labévière, *Les coulisses de la terreur*, 2002, p.17
161 Robert Fisk, "Anti-Soviet warrior puts his army on the road to peace: The Saudi businessman who recruited mujahedin now uses them for large-scale building projects in Sudan. Robert Fisk met him in Almatig.", *The Independent*, 6/12/1993.

listes afghans portaient des armes fournies par la CIA ».[162] Il disposait d'ailleurs de missiles Stinger, fin du fin de la technologie américaine dès 1986.[163]

Pas un mot hostile à l'égard des Etats-Unis (supposés être sa bête noire depuis 1990), pas plus dans cette interview de 1993 que dans un article du *Time* magazine de 1996 où il se présente comme un simple homme d'affaires.[164] Sa haine brutale des Etats-Unis est restée muette pendant six ans…

Nous savons aujourd'hui que Ben Laden mentait sur ses activités pacifiques au Soudan, puisqu'en décembre 1992 Al Qaida a fait sauter des bombes dans deux hôtels d'Aden au Yémen, où résidaient des soldats américains ; il aurait aussi organisé le premier attentat contre le World Trade Center de février 1993, envoyé des instructeurs en Bosnie[165], et semblait impliqué dans un attentat d'octobre 1993 qui tua 18 militaires américains à Mogadiscio en Somalie, attentat qu'il revendiquera fin 1996.[166] Après quoi Al Qaida réalisera encore des attentats en Arabie saoudite (1996), au Kenya, en Tanzanie (1998) et au Yémen (2000).

Si Ben Laden fait l'impasse sur ses rapports avec les Américains antérieurs à 1990, on peut se demander s'il ne fait pas de même sur ces rapports en 1993. En prétendant à ce moment qu'il n'a vu *aucun signe* d'aide américaine, il protège le secret de l'Opération afghane de la CIA (qui n'a été dévoilé qu'en 1996). Le journaliste Gerald Posner, de même que Richard Labévière, évoquent même un accord conclu en 1991 entre Ben Laden et les services de renseignement saoudiens,

---

[162] George Crile, *Charlie Wilson's War, The Extraordinary Story of the Largest Covert Operation in History*, New York, 2003, p.ix.

[163] Fabrizio Calvi, *11 Septembre, la contre-enquête*, 2011, p.70

[164] Peter L. Bergen, *Holy War, Inc.*, p.81

[165] « Selon le rapport 2000 du Département d'Etat américain sur le terrorisme, la Bosnie ferait partie des pays dans lesquels Oussama Ben Laden auraient envoyé des instructeurs pour renforcer ses réseaux. » RFI, 23/10/2001; Peter L. Bergen, p.86.

[166] Interview d'Osama Ben Laden dans *Al-Quds Al-Arabi*, Afghanistan, Novembre 1996, cité dans Peter L. Bergen, *Holy War, Inc., Inside the Secret World of Osama bin Laden*, New York 2001, p.22.

dont le contenu précis n'est pas connu, mais dont la CIA aurait été informée voire partie prenante.[167]

Contre la théorie de la mutation subite de Ben Laden, on note aussi le fait discordant qu'en mars 1996 Al Qaida fut impliqué dans une tentative d'assassinat du colonel Khadafi, avec le soutien du service secret britannique MI6, qui fit obstacle aux poursuites contre Ben Laden. C'est ce que révéla David Shayler, un officier du MI5.[168] [169] Evénement à mettre en rapport avec le fait que la Lybie est le premier pays à avoir lancé un mandat d'arrêt d'Interpol contre Osama Ben Laden.

Si les ennemis de nos ennemis sont nos amis, il faut croire que Ben Laden était encore à ce moment l'ami (ou l'agent) des États-Unis, hostiles à la Lybie pour son soutien au terrorisme international. Raison pour laquelle Ronald Reagan avait ordonné en 1986 un raid de bombardement où le colonel Kadhafi fut blessé.

En mai 1996, deux mois après qu'Al Qaida rende service à l'Occident en tentant d'assassiner Khadafi, Ben Laden retournait en Afghanistan pour soutenir les Talibans, eux-mêmes courtisés par les Américains, en vue de la construction d'un gazoduc traversant l'Afghanistan. S'agissait-il d'une *deuxième mission* de Ben Laden pour les Etats-Unis en Afghanistan, sorte de mission-suicide, consistant à amener les Talibans au pouvoir pour mieux les renverser ?

En 1996, en tout cas, la communication de Ben Laden change. Celui qui faisait l'ange (combattant reconverti, mécène, homme d'affaires) se présente désormais comme un diable ; lui qui combattait les Soviètiques, avec l'aide discrète des Américains, se transforme en menace pour les Etats-Unis et le monde.

Fin 1996, il convoque dans son repaire afghan des journalistes de CNN et leur livre un discours étonnamment symé-

---

[167] Richard Labévière, *Les dollars de la terreur : les États-Unis et les islamistes*, Paris, 1999.
[168] "MI6 helted bid to arrest Ben Laden", *Guardian*, 10/11/2002
[169] Nafeez Mosaddeq Ahmed, *La Guerre contre la vérité*, pp.145-148

trique à celui que Bush tiendra après le 11 Septembre 2001, programmant le passage de la guerre froide à la guerre à la terreur.

> *« La chute de l'Union soviétique a rendu les Etats-Unis plus hautains et arrogants et ils ont commencé à se prendre pour les maîtres du monde et à établir le Nouvel Ordre Mondial (...) Tout ceux qui résistent à cette injustice sont traités de terroristes ».*[170]

A titre de contrepartie à la stratégie américaine, Ben Laden prévoit la restauration du Califat, qui débutera en Afghanistan. Au même moment, aux Etats-Unis, Rumsfeld, Cheney *et le Project for the New American Century* (PNAC), fondé en 1997, réclament au Président Clinton, une politique plus autoritaire au Moyen Orient (incluant le renversement de Saddam Hussein), qui sera celle de Bush quatre ans plus tard.[171]

Un ennemi utile

Dans le projet de gazoduc afghan, les sociétés américaine Unocal et saoudienne Delta Oil étaient associées à une deuxième société saoudienne, la Nimir Petroleum contrôlée par Khalid Bin Mahfouz[172], membre d'une grande famille saoudienne proche de la famille royale (comme la famille Ben Laden). Khalid Bin Mahfouz, surnommé « banquier du roi et de la famille royale saoudienne »[173], finançait aussi des organisations « caritatives » proches d'Oussama Ben Laden, qui bénéficiaient « d'aumônes » astronomiques : « le chiffre de 2 milliards de dollars [a été] avancé. »[174] Somme évoquant plus un investissement qu'un don. Ce qui faisait de Ben Laden une

---

[170] Peter L. Bergen, *Holy War, Inc.,* p.20

[171] PNAC letters sent to President Bill Clinton, January 26, 1998 : *www.informationclearinghouse.info/article5527.htm*

[172] Jean-Charles Brisard et Guillaume Dasquié, *Ben Laden la vérité interdite,* 2002, p.209

[173] Eric Laurent, Les Liens du Pétrole, *Le Figaro Magazine,* 06/10/2001

[174] Jean-Charles Brisard et Guillaume Dasquié, *Ben Laden la vérité interdite,* 2002, p.194

sorte *d'associé* de fait du projet de gazoduc afghan, de même que les Talibans, comme on l'a vu plus haut. Le cœur de métier de Ben Laden étant le recrutement de combattants islamistes destinés à contrôler le terrain.[175]

Une des ONG à « vocation caritative » subsidiée par le banquier de la famille royale saoudienne, l'International Development Foundation établie à Oxford en Grande Bretagne, avait « *la même adresse* que l'International Islamic Relief Organization, l'une de principales structures de recrutement d'Oussama Ben Laden ».[176]

Plus surprenant encore, le même banquier saoudien a financé la famille Bush en investissant 25 millions de dollars en 1987 dans la Harken Energy Corporation, dont le patron était George W. Bush. Cette petite société pétrolière obtint en 1990, à la surprise générale, « une des concessions les plus convoitées du monde : l'exploitation offshore au large des côtes de l'émirat de Barhein, zone regorgeant de pétrole ».[177] Il est vrai qu'entretemps George Bush père était devenu Président des Etats-Unis (de 1989 à 1993).

Et si les amis de nos amis sont nos amis, Ben Laden était un ami de la famille Bush. Sa carrière se caractérise en tout cas par une succession de services rendus – volontairement ou non – aux Occidentaux.

Jean-Charles Brisard, officier des services secrets français et Guillaume Dasquié, analyste du renseignement, ont révélé dans leur livre *Ben Laden, la vérité interdite*, que le premier mandat d'arrêt d'Interpol visant à interpeller Osama Ben Laden n'a été émis que le 15 avril 1998 - à la demande de la Lybie.

Deux ans après l'attentat contre les installations américaines de Dahran en Arabie saoudite, ce ne sont pas les Etats-Unis qui recherchent ouvertement Osama Ben Laden. Ce dernier a pourtant lancé une fatwa contre l'Occident et l'Amérique le 28 février 1998[178].

---

[175] *https://en.wikipedia.org/wiki/Al-Qaeda*
[176] Brisard, Dasquié, p.198
[177] Eric Laurent, Les Liens du Pétrole, *Le Figaro Magazine*, 06/10/2001
[178] Brisard, Dasquié, p.137

Les attentats menés par Ben Laden contre les Etats-Unis – sans que ceux-ci cherchent à l'arrêter réellement – ont permis de développer une politique agressive à l'égard de pays disposant de ressources énergétiques, politique dont l'apothéose sera la décision d'envahir l''Afghanistan et l'Irak après le 11 Septembre.

Les actions de Ben Laden dans cette phase de sa carrière justifièrent l'invasion de l'Afghanistan. C'est peut-être pourquoi il fallait le dénoncer comme auteur d'attentats contre les Etats-Unis – culminant le 11 Septembre – mais surtout *qu'on ne l'arrête pas.*

On pourrait décomposer la trajectoire de Ben Laden en trois phases complémentaires, marquées par trois modes de communication différents :

1)1978-1989 : Ben Laden reçoit, par l'intermédiaire de l'Arabie saoudite et du Pakistan, le soutien occulte des Etats-Unis dans le combat contre les Soviétiques en Afghanistan et reste anonyme.

2)1990-1996 : Ben Laden apparaît dans les média comme *ancien combattant* musulman anticommuniste. Ses liens avec les Etats-Unis et l'Arabie saoudite sont gommés. Si on analyse ses activités occultes à l'époque, elles sont à la fois pro-américaines (en Bosnie) – comme dans la phase précédente – et anti-américaines (Yemen, World Trade Center 1993, Somalie, Arabie saoudite) - comme dans la phase suivante.

3)1996-2001 : Ben Laden se présente désormais comme l'ennemi numéro un des Etats-Unis.

Dernier avatar du Diable

Pourrait-on supposer, à travers ces changements apparents, une continuité où Ben Laden serait un *agent provocateur* au bénéfice des Etats-Unis ?

Dans un premier temps (1979-1989), ses moudjahidines ont contribué à provoquer l'invasion de l'Afghanistan par l'armée soviétique de 1979, comme l'espéraient les Américains. Zbigniew Brzezinski commentait cette stratégie de la manière suivante :

Le jour où les Soviétiques ont officiellement franchi la frontière, j'ai écrit au Président Carter, en substance : "Nous avons maintenant l'occasion de donner à l'URSS sa guerre du Vietnam". De fait, Moscou a dû mener pendant presque dix ans une guerre insupportable pour le régime, un conflit qui a entraîné la démoralisation et finalement l'éclatement de l'empire soviétique. [179]

Dans un deuxième temps (1996 à 2001), Ben Laden aurait servi à justifier l'invasion américaine en Afghanistan et en l'Irak.

L'utilisation de terroristes infiltrés[180] ou manipulés[181], n'a rien d'exceptionnel pour les services secrets, spécialistes du double-jeu, habitués à brouiller les cartes. En Italie, ceci fut baptisé « stratégie de la tension »[182], c'est-à-dire la « manipulation en sous-main par le gouvernement de groupes politiques radicaux, afin de provoquer des débordements qui favorisent aux yeux de l'opinion publique des politiques autoritaires. »[183] L'analyse de ce processus a été développée par Gianfranco Sanguinetti, dans *Du Terrorisme et de l'Etat.*[184]

---

[179] *Le Nouvel Observateur*, n° 1732, du 15 au 21 janvier 1998, p.76.

[180] Voir : Morten Storm, *Agent au cœur d'Al Qaida*, Pocket 2016

[181] Marc Reisinger, *Opération Merah*, Editions du Bord de l'Eau, 2013

[182] Daniele Ganser, *NATO's secret armies*, 2004

[183] *https://fr.wikipedia.org/wiki/Strat%C3%A9gie_de_la_tension*

[184] Paris, 1980

Pour dépasser le niveau des apparences, en politique comme ailleurs, il faut émettre des hypothèses. La qualité de celles-ci se mesure à la quantité de faits qu'elles expliquent. Nous avons envisagé deux hypothèses au sujet d'Oussama Ben Laden.

La première (« ennemi des Etats-Unis ») est incompatible avec de nombreux événements : les services rendus aux Etats-Unis en Afghanistan, le projet d'assassinat de Khadafi avec l'aide des services britanniques, et les entraves répétées à son arrestation par les services américains.

La deuxième hypothèse – « Ben Laden *agent* (volontaire ou involontaire) des Etats-Unis » – bouscule les idées reçues, mais elle est compatible avec l'ensemble des faits. C'est peut-être l'œuf de Colomb qui fait tenir debout l'histoire de Ben Laden : il ne serait jamais devenu une réelle menace pour les Américains. Son *retournement* contre les Etats-Unis est si peu logique que l'opinion publique tend à croire qu'il a *toujours* été l'adversaire des Etats-Unis.

C'est l'idée qui fonde les récits médiatiques, où le personnage de Ben Laden dans sa caverne est calqué sur les méchants de James Bond, préparant des attentats à l'aide des armes les plus puissantes (chimiques, bactériologiques ou nucléaires), tels Goldfinger ou le Docteur No qui, du fond de leur repaire, mettent le monde occidental en péril. Ne voit-on pas que cet être capable de tout, tapi dans son antre, est le dernier avatar du Diable ?

De manière plus prosaïque, Robert Fisk a décrit en 1997 en Afghanistan, un Ben Laden sous-informé, privé même de radio, qui s'emparait avec avidité des journaux arabes du journaliste : « Est-ce bien là le *'parrain du terrorisme international'* ? » se demandait Fisk.[185] Observation incompatible avec l'affirmation du chef de la National Security Agency (NSA) – organisme du département de la Défense, responsable du renseignement et de la sécurité informatique du gouverne-

---

[185]Oussama Ben Laden par Robert Fisk, *Le Monde*, 2/5/2011

ment américain - selon laquelle Ben Laden possédait de *meilleures technologies de communication que les Etats-Unis.*[186]

Pour peaufiner le mythe, ou la *légende* (comme on dit dans le monde de l'espionnage), l'ensemble de la presse occidentale a décrit l'abri de Ben Laden de Tora Bora comme un complexe de tunnels et de bunkers creusés dans la montagne. Ben Laden, ingénieur en construction, aurait amené des douzaines de bulldozers et de l'équipement lourd provenant de l'entreprise de son père, propriétaire d'une des compagnies de construction les plus prospères du Golfe Persique.[187] Les tunnels auraient été aussi profonds que les tours du World Trade Center étaient hautes.[188] Opposition du Bien et du Mal - du ciel et de l'enfer - comme le Président Bush l'exprimait le 12 septembre 2001 : « Cette lutte du Bien contre le Mal sera monumentale, mais le Bien prévaudra ».[189] Des récits et des discours de ce type évoquent plus la pensée mythologique que l'analyse politique.

Donald Rumsfeld embrayait sur ce mythe, lors d'un entretien télévisé, pendant le siège de Ben Laden à Tora Bora, en novembre 2001. Le journaliste lui montrait un plan (fictif) de l'intérieur de la forteresse de Tora Bora, publié dans le Times de Londres, avec des dépôts d'armes et de munitions et des entrées assez larges pour y faire pénétrer des voitures et des tanks. Rumsfeld commentait : « Oui… C'est du travail sérieux. Il en existe plusieurs. Et ils ont tous été utilisés très efficacement »[190]. Ce qui montre soit que Rumsfeld était très mal renseigné, soit qu'il mentait très bien.

Un grand reporter, Eric Laurent, a pris la peine de se rendre à Tora Bora, pour découvrir que l'habitation de Ben Laden n'était qu'une maison en pisé de huit pièces, et qu'il n'existait *aucune grande caverne*. Rien que des grottes creusées à

---

[186] Général Mike Hayden, interview à *60 Minutes*, CBS, 13/2/2001
[187] "Lost at Tora Bora", *New York Times*, 11/09/2005.
[188] "Al-Qa'ida almost 'immune to attack' inside its hi-tech underground lair", *Independent*, 27/11/2001
[189] *http://news.bbc.co.uk/2/hi/americas/1540544.stm*
[190] *Meet the Press* sur ABC le 2 décembre 2001, cité par Eric Laurent, p.38

flanc de montagne, de 3 mètres de profondeur et 80 centi-mètres de hauteur, sans le moindre équipement : pas de route, pas d'électricité ni de systèmes de communication, à cinq heures de marche de la vallée. « Comment dans un tel envi-ronnement une opération aussi sophistiquée que celle du 11 Septembre a-t-elle pu être conçue et coordonnée ? »[191]

> *La mystification a commencé au début du mois d'octobre 2001 avec l'in-tervention au Congrès américain de Yossef Bodansky, directeur du Centre sur le Terrorisme, qui s'autoproclame meilleur connaisseur américain de Ben Laden. Que dit-il ?*
> *« On connait 45 grottes et bunkers ou Ben Laden et ses amis peuvent se cacher. Ils ont été construits entre 1969 et 1986 par la résistance afghane et les services pakistanais et saoudiens. Les Américains ont même aidé a faire les fondations. Ces grottes et ces bunkers, Ben Laden les a ensuite très bien aménagés, protégés. Il y a entreposé des armes de destruction massive. Ces caches sont des nids d'aigle à très haute altitude. Il y a là des missiles antiaériens, des mitrailleuses... Pour l'en faire sortir, aucune bombe conventionnelle ne sera suffisante. Il faudra y aller avec des hommes, des soldats, des forces spéciales, et ce sera très meurtrier. Il ne se-ra jamais pris vivant. »[192]*

George Tenet ajoutera une touche finale à la légende de Ben Laden en évoquant dans ses mémoires, publiés en 2007, un complot d'Al Qaida déjoué sous sa direction, où une arme nucléaire aurait été introduite aux États-Unis en attendant d'être activée sur un signal de Ben Laden.[193]

Comme le disait ironiquement un politicien britannique : « Saint Georges et le dragon est un pauvre spectacle sans véri-table dragon, le plus grand et le plus effrayant qui soit, cra-chant des flammes si possible »[194]. Karl Rove avouait cyni-quement à un journaliste du New York Times Magazine :

---

[191] Eric Laurent, *La Face cachée du 11 septembre*, Pocket 2004, p.43
[192] Eric Laurent, Idem, p.36
[193] George Tenet, *At the Center of the Storm* , 2007
[194] Christopher Davidson, *Shadow Wars, The Secret Struggle for the Middle East*, 2016, p.406

« Nous sommes un empire, et quand nous agissons nous créons notre propre réalité ».[195]

    Si Saddam Hussein n'était pas l'ennemi implacable doté d'armes de destructions massives, Ben Laden ne l'était peut-être pas non plus. Mais pour qui travaillait Ben Laden? *Subjectivement*, c'est difficile à trancher, par manque de données de première main : quelle était sa part de ruse ou de sincérité, de sottise ou d''intelligence, d'aveuglement ou de lucidité ? *Objectivement*, il travaillait *pour* les Etats-Unis. En l'éliminant, et en éliminant les traces de son élimination, Obama a mis un point final à une fiction, en même temps qu'il assurait sa réélection. Dernier service rendu aux Etats-Unis par Ben Laden, « tel qu'en lui-même enfin l'éternité le change » : en idiot utile, plutôt que grand manitou ?

---

[195] Frank Rich, The Greatest Story Ever Sold, 2006, p.3

6 LA CIA DISSIMULE LES PIRATES

Il n'y a pas de secrets mieux gardés que ceux que tous connaissent.

Bernard Shaw

L'ambiguïté des Etats-Unis à l'égard d'Oussama Ben Laden peut paraître étonnante si on la considère isolément. Mais cette attitude doit être examinée dans le cadre plus vaste de la politique des Etats-Unis à l'égard des puissances pétrolières et du fondamentalisme musulman. Une politique dont les jalons ont été posés avant la Deuxième guerre mondiale, lors de la découverte du pétrole au Moyen Orient.

« La Standard Oil Company of California est la première compagnie à obtenir une concession pour prospecter l'or noir, d'abord à Barhein en 1932, puis en Arabie en juillet 1933. »[196] Les premiers gisements seront découverts en 1938. En 1944, la société change de nom et devient l'Arabian American Oil Company (Aramco). Quelques mois avant la fin de la guerre, le 14 février 1945, un accord est scellé entre Franklin D. Roosevelt et Abdul Aziz Bin Saud accordant un monopole à l'Amérique pour l'exploitation du pétrole saoudien. Les Etats-Unis « viennent d'inventer la pétro-monarchie, mélange d'absolutisme politique et religieux. »[197]

En ce qui concerne l'Iran, autre source de pétrole, la CIA a enfin admis (soixante ans après les faits) son rôle, en collaboration avec les services britanniques du MI6, dans le

---

[196] Jean-Charles Brisard et Guillaume Dasquié, *Ben Laden la vérité interdite*, 2002, p.94

[197] Ibid., p.96

renversement du gouvernement du premier ministre Mossadegh, qui eut le tort de nationaliser le secteur pétrolier. L'opération visait à mettre en place un gouvernement avec lequel l'Occident pourrait « conclure des accords pétroliers. »[198] Des mollahs de droite furent recrutés dans ce but par la CIA et le MI6.[199]

Les intérêts pétroliers étaient peu compatibles avec le progressisme arabe. C'est pourquoi *les Etats-Unis soutinrent le développement mondial du fondamentalisme islamique* par l'Arabie saoudite, contre le leader égyptien laïc Gamal Abdel Nasser, à travers des mouvements comme les Frères Musulmans ou la Ligue Islamique Mondiale fondée en 1972 par le roi Faycal.

> *Des Etats-Unis à l'Indonésie, mosquées et madrassas se multiplièrent et mirent sur la touche l'islam traditionnel en faveur des vues réactionnaires des wahabites saoudiens... Cette vague de prosélytisme contribua particulièrement à polariser et à déstabiliser l'Afghanistan.[200]*

En 1976 fut fondé le *Safari Club*, une alliance par laquelle :

> *les maîtres espions du chah d'Iran, des rois Faycal (Arabie saoudite) et Hassan II (Maroc) et de l'Egyptien Sadate conclurent un pacte : s'aider mutuellement et aider l'Occident à enrayer la pénétration soviétique en Afrique et en Asie centrale. Dès cette époque, cette alliance secrète conçoit l'idée d'utiliser l'islam sunnite le plus extrémiste, farouchement anticommuniste, à ses propres fins.[201]*

De cette manière, la CIA put former, équiper et ravitailler une « armée secrète de fanatiques » sunnites sans que jamais les Etats-Unis apparaissent au premier plan.[202]

---

[198] « La CIA admet son rôle dans le coup d'Etat de 1953 en Iran », *Le Monde*, 20/08/2013

[199] Peter Dale Scott, *La Route vers le Nouveau Désordre Mondial*, Editions Demi-Lune, 2013, p.80

[200] *Ibid.*, p.68

[201] Sylvain Cypel, « Alliance fatale », *Le Monde*, 10/05/2002

[202] Voir : John K. Cooley, « *CIA et Jihad, 1950-2001* », 2002

L'idée « qu'un *arc islamique* pouvait être mobilisé pour contenir les Soviétiques, était un concept de Brzezinski ».[203] Nous avons vu comment il fut appliqué en Afghanistan de 1979 à 1989.

> *Pour des générations, aussi bien en Afghanistan que dans les Républiques Islamiques Soviétiques, la forme dominante de l'islam a été locale et principalement soufie. La décision de travailler avec les services secrets saoudiens et pakistanais signifia que des milliards de dollars venant d'Arabie saoudite et de la CIA seraient finalement utilisés pour des programmes qui aideraient à renforcer le jihadisme wahhabite mondial qui est aujourd'hui associé à Al Qaida.[204]*

La CIA aida l'ISI pakistanaise, l'Arabie saoudite et l'Organisation Internationale de Secours islamique à distribuer en Union soviétique des milliers de corans à coloration wahabite, ce qui contribua à la propagation de l'islamisme en Asie centrale.[205]

Cette tactique d'utilisation du fondamentalisme musulman, constante depuis les années 1950, peut se comprendre dans le cadre d'une stratégie économique, contre les régimes nationalistes ou progressistes arabes susceptibles de nationaliser le pétrole.[206] Elle peut aussi se justifier comme stratégie politique de lutte contre le communisme (comme le fait Zbigniev Brzejinski). Mais elle a aussi abouti à des attaques brutales contre les démocraties occidentales qui connurent leur apothéose le 11 septembre 2001.

Benazir Bhutto première ministre du Pakistan, assassinée en 2007, avait mis en garde George Bush (senior) dès 1989: «Les extrémistes qui ont été encouragés par les Etats-Unis sont en train d'exporter leur terrorisme dans d'autres

---

[203] Dreyfuss Robert, *Devil's Game*, 2005, cité par Peter Dale Scott, p.108

[204] Peter Dale Scott, *La Route vers le Nouveau Désordre Mondial*, Editions Demi-Lune, 2013, p.114

[205] *Ibid.*, p.113

[206] Voir : Davidson, Christopher, *Shadow Wars, The Secret Struggle for the Middle East*, 2016

parties du monde. Vous créez un véritable Frankenstein».[207] Quelques années avant le 11 Septembre, un journaliste demandait à Zbigniew Brzezinski : « Vous ne regrettez pas… d'avoir favorisé l'intégrisme islamiste, d'avoir donné des armes, des conseils à de futurs terroristes ? », celui-ci relativisait en parlant de « quelques excités islamistes» :

> *« Il n'y a pas d'islamisme global. Regardons l'islam de manière rationnelle… C'est la première religion du monde avec 1,5 milliard de fidèles. Mais qu'y a-t-il de commun entre l'Arabie Saoudite fondamentaliste, le Maroc modéré, le Pakistan militariste, l'Egypte pro-occidentale ou l'Asie centrale sécularisée ? Rien de plus que ce qui unit les pays de la chrétienté.[208] »*

Le 11 Septembre est-il un *accident* dans ces manipulations de l'islamisme ? Est-elle la conséquence d'une perte de contrôle des services de renseignements occidentaux, comme la plupart des analystes le pensent ? Les Etats-Unis auraient-ils été trompés par leurs alliés saoudiens ? C'est la théorie du « retour de manivelle ».

Cette hypothèse est irréaliste, car elle inverse le rapport de force. Peut-on sérieusement croire que l'Arabie saoudite soit de taille à se moquer des Etats-Unis ? Remarque valable pour le Pakistan, qui joue également un rôle trouble dans les attaques du 11 Septembre.

Le général Mahmoud Ahmad, chef des services secrets pakistanais (ISI), est suspecté d'avoir fait transférer 100.000 dollars au pirate de l'air Mohamed Atta.[209] [210] Le matin du 11 septembre, Mahmoud Ahmad était à Washington, déjeunant avec les sénateurs Bob Graham et Porter Goss[211], futurs Pré-

---

[207] Benazir Bhutto, *Reconciliation, Islam, Democracy, and the West*, 1998
[208] *Le Nouvel Observateur*, 15 janvier 1998.
[209] "India helped FBI trace ISI-terrorist links", *The Times of India*, October 9, 2001
http://timesofindia.indiatimes.com/articleshow/1454238160.cms
[210] "The Pakistan connection", *The Guardian*, 22/7/2004
[211] "TRACE OF TERROR: THE CONGRESSIONAL HEARINGS; Rifts Plentiful As 9/11 Inquiry Begins Today", *New York Times*, 4/6/2002

sidents du Comité d'enquête conjoint de la Chambre et du Sénat de 2002 sur les attaques du 11 Septembre (qui ne fait aucune mention des suspicions portant sur Mahmoud Ahmad). Notons que Porter Goss, recruté par la CIA dans les années 1960, fut nommé directeur de la CIA par George Bush en 2004, après la démission de George Tenet.[212]

Lors d'une conférence de presse à la Maison Blanche, un journaliste demanda à Condoleezza Rice :

> *« Etes-vous consciente de rapports selon lesquels [le chef de l'ISI] était à Washington le 11 septembre, et que le 10 septembre 100.000 dollars ont été envoyés du Pakistan[213] à un groupe qui se trouvait ici dans notre pays ? Ceci pendant qu'il était en réunion avec vous ou quelqu'un de l'administration. »*

Dans le compte-rendu de la conférence de presse (qui subsiste uniquement sur la page de George W. Bush à la Maison Blanche), le terme « chef de l'ISI » a été remplacé par un simple tiret, de telle sorte que les moteurs de recherche ne peuvent découvrir cette référence cruciale[214] – ce qui traduit pour le moins une gêne. La présence du chef de l'ISI à Washington est établie, et George Tenet reconnaît dans ses mémoires l'avoir rencontré le 9 septembre.[215]

D'autre part, l'homme suspecté d'avoir envoyé l'argent du Pakistan à Mohammed Atta, Omar Saeed Sheikh, a été condamné à mort au Pakistan pour le meurtre du journaliste américain décapité Daniel Pearl[216] qui, selon ses proches, en-

---

[212] *https://en.wikipedia.org/wiki/Porter_Goss*

[213] Suspected hijack bankroller freed by India in '99, CNN.com, 6/10/2001.

[214] National Security Advisor Holds Press Briefing , 16/5/2002; *https://georgewbush-whitehouse.archives.gov/news/releases/2002/05/20020516-13.html*

[215] George Tenet, *At the Center of the Storm* , 2007., p.141-142

[216] Omar Sheikh n'a cependant pas été exécuté à ce jour, et Khalid Cheick Mohammed a avoué le meurtre de Daniel Pearl, parmi la longue liste de ses méfaits (voir chapitre 10)

quêtait sur les liens entre les services de renseignement et le terrorisme.[217]

Si les Etats-Unis ont été roulés par deux de leurs principaux alliés, on pourrait dire qu'ils ont joué de malchance et manqué de clairvoyance. Mais comment expliquer qu'ils persistent dans leur erreur après septembre 2001 ? S'ils n'avaient jamais perdu le contrôle de la manivelle...

Les loups dans la bergerie

Un épisode précis permet de penser que l'Arabie saoudite n'a pas agi à l'insu des services de renseignement américains. L'enquête sur le 11 Septembre a révélé que deux des pirates de l'air, Nawaf Alhazmi et Khalid Almihdhar, qui se trouvaient dans l'avion qui s'est écrasé sur le Pentagone, ont été aidés par un certain Omar Al Bayoumi. Celui-ci était considéré par le FBI comme un « officier de renseignement de l'Arabie saoudite ou d'un autre pays »[218], et on a découvert qu'il était financé par l'ambassadeur d'Arabie saoudite aux Etats-Unis.

Omar Al Bayoumi a travaillé au ministère saoudien de la Défense et de l'aviation. Depuis son installation à San Diego en 1994 il était salarié par un contractant de l'aviation civile saoudienne, la société Ercan, où il ne s'est présenté qu'une seule fois.[219] Cette société dépendait de la Dallah Avco dirigée par le Prince Sultan, le père du Prince Bandar, ambassadeur d'Arabie saoudite aux Etats-Unis[220]. À partir de fin 1999, Al Bayoumi commença à recevoir – à travers plusieurs intermédiaires – des paiements mensuels additionnels provenant du prince Bandar via plusieurs intermédiaires.

---

[217] Who really killed Daniel Pearl?, *The Guardian*, 5/4/2002

[218] *Newsweek*, 22/11/2003, 24/11/2003.

[219] Joint Inquiry into Intelligence Community Activities Before and After the Terrorist Attacks of September 11; *https://28pages.org/the-declassified-28-pages/*

[220] « The Saudi Money Trail", *Newsweek*, 12/2/2002

Omar Al Bayoumi retrouva, dans un restaurant proche de l'aéroport international de Los Angeles, les deux futurs pirates de l'air, en provenance de Kuala Lumpur (Malaisie), où ils venaient d'assister à une réunion d'Al Qaida. Il leur trouva un appartement en face de chez lui et avança l'argent du loyer. Il les aida aussi à obtenir leur permis de conduire, leur inscription à la sécurité sociale et des informations sur les écoles de pilotage.

Omar Al Bayoumi aurait aussi hébergé à plusieurs reprises et présenté à la communauté musulmane de San Diego, Hani Hanjour, autre pirate de l'avion du Pentagone. Un ancien officier du FBI a déclaré à Newsweek : « Nous croyons fermement que [Al Bayoumi] était au courant du complot du 11 Septembre ».[221] Un agent de la CIA a commenté ces faits en 2004 : « Vous savez que deux membres du groupe de Ben Laden se rencontrent en Malaisie. Et vous faites quoi ? Vous traitez cela comme une affaire de routine…vous vous en occuperez un de ces jours. Pas d'urgence, pas de réaction, pas de planification. »[222]

Cinq ans après le 11 Septembre, on apprit que l'arrivée aux Etats-Unis de ces deux hommes était connue des services de renseignement américains, et que l'information avait été bloquée, pour des raisons inexplicables, par la CIA.[223]

La réunion de Kuala Lumpur de janvier 2000 d'où venaient les deux pirates de l'air était surveillée par les services secrets de Malaisie à la demande de la CIA, qui reçut des informations sur les participants. Un rapport de l'inspecteur général de la Justice américaine rédigé en 2004 et publié en 2005 révèle qu'un agent du FBI assigné à l'unité Ben Laden de la CIA, Doug Miller, avait découvert qu'un des deux pirates de San Diego, Khalid Almihdhar — surveillé pour ses

---

[221] *San Diego Union-Tribune*, 9/14/2002.
[222] "The Path to 9/11", *Vanity Fair*, November 2004
[223] « Report Details FBI's Failure on 2 Hijackers », *The New York Times*, 10/06/2005;
www.historycommons.org/context.jsp?item=a010500malaysiameeting

liens avec les attentats en Afrique de l'Est – avait un visa pour les Etats-Unis où il avait l'intention de se rendre.

Un autre officier de la CIA, Michael Anne Casey, découvrit l'information envoyée par Miller, mais cette information fut bloquée sur ordre du sous-chef de station, Tom Wilshire, qui *empêcha qu'on la transmette au FBI*[224], ceci avec l'assentiment du nouveau chef de l'unité Ben Laden, Richard Blee.[225] [226] Le 5 mars 2000 le poste de la CIA à Bangkok avait prévenu le quartier général qu' Almihdhar et Alhazmi étaient arrivés à Los Angeles, information qui fut également bloquée.[227]

Un fonctionnaire du FBI déclara plus tard : « *La CIA a délibérément caché Almihdhar au FBI*, a délibérément refusé d'en parler... Ils ne voulaient pas que John O'Neill et le FBI empiètent sur leur dossier. C'est pour cela que le 11 Septembre s'est produit... Ils ont du sang sur les mains. »[228] Jack Cloonan, autre agent du FBI qui se concentrait sur Al Qaida, dira : « Si cette information avait été disséminée, aurait-elle eu un impact sur les événements du 11 Septembre ? Je peux vous dire que oui. »[229]

Ces observations permettent de se demander si « l'unité Ben Laden » avait vraiment pour but d'empêcher celui-ci d'agir. La Commission sur le 11 Septembre, informée de ce problème majeur, l'a relégué dans une note finale du rapport, en omettant le rôle de Tom Wilshire dont le nom n'apparaît

---

[224] Idem

[225] Kevin Fenton, *Disconnecting the Dots, How CIA and FBI officials helped enable 9/11 and evaded government investigations*, Independent Publishers Group, Chicago 2011., p.107

[226] Tom Wilshire jouera également un rôle dans le blocage des informations sur le pirate de l'air potentiel Zaccharias Moussaoui, dont l'arrestation en août 2001 aurait pu empêcher les attaques du 11 Septembre (voir Fenton, pp.289-306)

[227] Fenton, pp.115-126

[228] James Bamford, *A Pretext for War: 9/11, Iraq, and the Abuse of America's Intelligence Agencies*, 2004, p.224.

[229] Pierre Thomas, « Missed opportunity », *ABC News*, 10/05/2004.

même pas.[230] Michaël Ann Casey, qui accepta de bloquer l'information sur la présence des deux pirates de l'air aux Etats-Unis, bénéficiera d'une promotion après le 11 Septembre.[231]

Pendant une certaine période avant les attaques aériennes - de juin 2000 à juillet 2001 - Almihdhar retourna au Yémen (notamment pour préparer l'attentat contre l'USS Cole en octobre 2000) et Alhazmi s'installa chez Abdussattar Shaikh, qui fréquentait la même mosquée que lui et était un *informateur du FBI.*

Lorsque le Comité d'enquête de la Chambre et du Sénat (*Joint Inquiry*) demanda en 2002 au FBI si cet indicateur avait signalé la présence d'Almihdhar et Alhazmi, les responsables du FBI répondirent qu'il n'était qu'une « source passive », ce qui signifiait « qu'il n'avait pas à rechercher des informations spécifiques mais seulement à passer des informations de routine ». Donc un informateur censé se limiter aux informations sans importance... Le FBI affirma qu'il n'avait fourni aucun détail permettant de se concentrer sur le cas d'Almihdhar et Alhazmi, et le Procureur général, John Ashcroft refusa qu'il témoigne devant le Sénat.

Les enquêteurs du Sénat conclurent que « les efforts du FBI pour bloquer leur enquête les rendaient sceptique sur ses affirmations concernant leur informateur. »[232] Bob Graham membre du Comité d'enquête de la Chambre et du Sénat rapporte[233] que le FBI tenta de dissimuler le fait qu'Alhazmi avait vécu avec Shaikh, refusa tout accès à leur indicateur et refusa de répondre aux questions posées par Graham, sous prétexte de ne pas le démasquer – alors que son identité avait déjà été dévoilée par la presse.[234]

---

[230] *The 9/11 Commission Report*, p.502.

[231] Jane Mayer, *The Dark Side: The Inside Story of How the War on Terror Turned Into a War on American Ideals*, 2009, p.16

[232] « Congress Seeks FBI Data on Informer; FBI Resists", The New York Times, 6/10/2002.

[233] Bob Graham, *Intelligence Matters*, 2004

[234] *San Diego Union Tribune*, 16/9/2001

Le FBI censura ou modifia toute mention du problème dans le rapport final du Comité. Le sénateur Graham apprit plus tard que le FBI avait reçu l'ordre *de la Maison Blanche* de ne pas laisser le Comité interroger l'informateur.[235] On observe donc ici une *intervention directe de l'administration Bush pour dissimuler la vérité sur le 11 Septembre*. Ce qui montre que l'explication « classique » du blocage des informations sur ces pirates par la concurrence CIA-FBI est trop superficielle.

L'ancien chef du contre-terrorisme de la Maison Blanche lui-même, Richard Clarke, déclara en 2009 que la CIA lui avait délibérément dissimulé l'information concernant les deux futurs pirates pendant plus d'un an avant le 11 Septembre : « Cinquante personnes étaient au courant ! Cinquante ! Et elles l'ont su pendant un an. Et pas une seule fois pendant cette année elles ne m'ont averti… ».[236] Clarke considérait qu'au-dessus de Tom Wilshire, George Tenet, directeur de la CIA depuis 1996, qui suivait les informations sur Al Qaida dans les moindres détails, était responsable du blocage de l'information.[237]

Mais les blocages remontent encore plus haut. Le départ de Khalid Almihdhar pour le « sommet » de Kuala Lumpur avait été découvert grâce aux écoutes du centre opérationnel d'Al Qaida au Yémen par la NSA, mises en place dès 1996. Michaël Scheuer (premier chef de l'unité Ben Laden de la CIA) supplia en vain la NSA de lui transmettre l'ensemble de ces écoutes, qui auraient permis d'éviter les attaques du 11 Septembre et l'attentat contre l'USS Cole.

La NSA ne transmettait pas ses informations à la CIA, qui ne transmettait pas les siennes au FBI. C'était également le cas du service de renseignement de la SOCOM (Special Operations Command), unité de l'armée américaine basée à

---

[235] « The Path to 9/11 », *Vanity Fair*, November 2004
[236] Calvi, Fabrizio, *11 septembre, la contre-enquête*, 2011, p.433
[237] Interview de Richard Clarke diffusée en 2011 :
www.youtube.com/watch?v=bl6w1YaZdf8

Fort Bragg, dont le programme Able Danger recueillait 24h/24, 7 jours/7 sur 10.000 sites des informations globales (*data mining*) à partir de forum de discussion d'Al Qaida, d'informations de presse, de sites web et de rapports financiers. Ces informations étaient confrontées avec des données gouvernementales, comme les demandes de visas de touristes étrangers, afin de déceler des corrélations et de les traduire visuellement.

Les résultats contenaient des données sur quatre futurs pirates de l'air, dont Almihdhar, Alhazami et Mohamed Atta – ainsi que sur Ali Mohamed (Voir : Chapitre 7) – dix-huit mois avant le 11 septembre 2001, ce qui aurait suffi à empêcher les attaques.

Pourtant le programme Able Danger fut *fermé* sur ordre du Pentagone en avril 2000, et ses 2,5 terabytes de données furent *détruites* sous un prétexte juridique fallacieux.[238] Les représentants d'Able Danger voulaient partager leurs informations – notamment sur Mohamed Atta – mais à trois reprises les avocats du Pentagone les forcèrent à annuler leurs rendez-vous avec le FBI à la dernière minute.[239]

L'affaire a fait l'objet d'auditions du Congrès et d'un article en première page du *New York Times* en 2005[240], mais la perte des données n'a pas permis de confirmer les témoignages de nombreux officiers de cette unité.[241] La demande de témoignage de deux officiers supérieurs participant à Able Danger, devant la Commission du 11 Septembre a été rejetée[242], et ce programme n'est même pas cité dans le rapport de la Commission.

---

[238] Peter Lance, *Triple Cross*, 2006, p.342-346

[239] James Goodwin, "Inside Able Danger: The Secret Birth, Extraordinary Life and Untimely death of a U.S. Military Intelligence Program, interview by Anthony Shaffer", *Government Security News*, August 23, 2005

[240] « Four in 9/11 Plot Are Called Tied to Qaeda in '00", *New York Times*, 9/8/2005

[241] Les blocages de la NSA et d'Able Danger sont développés en détail dans le livre de Kevin Fenton, *Disconnecting the Dots* (2011).

[242] Peter Lance, *Triple Cross*, 2006, p.XX

Riggs banque de la CIA

Les transferts de fonds du prince Bandar, ambassadeur d'Arabie saoudite, aux deux pirates de San Diego ont été découverts accidentellement lors d'une enquête de la commission gouvernementale du Sénat sur le financement des organisations terroristes après le 11 Septembre. « En enquêtant sur les 150 comptes saoudiens de la Riggs, les enquêteurs découvrirent des mouvements de capitaux frauduleux concernant d'autres clients[243] », dont plusieurs dictateurs comme le général Augusto Pinochet et un dirigeant de la Guinée-Equatoriale.

Pour justifier les multiples transferts de fonds qu'il opérait, le prince Bandar révéla qu'il travaillait depuis longtemps pour la CIA, et qu'il avait notamment remis des fonds aux Contras, rebelles anticommunistes du Nicaragua[244], à la demande de la Maison blanche et de la CIA, ainsi qu'aux rebelles afghans combattant l'Union soviétique, sous-entendant que les versements à Omar Al Bayoumi pouvaient faire partie de services rendus à la CIA.

Le *Wall Street Journal* révéla d'ailleurs que la Riggs Bank avait « une relation de longue date avec la CIA. »[245] Information qui mit immédiatement fin aux problèmes de la banque, discrètement revendue à une société financière de Pittsburgh. Un journaliste du magazine en ligne *Slate* s'étonna que le scoop du *Wall Street Journal* sur les relations entre la CIA et la plus importante banque de Washington ne paraisse pas en première page du quotidien et n'intéresse aucun autre journal.[246]

---

[243] Astaud, « Riggs Bank, blanchisseuse des dictateurs », *Le Monde Diplomatique*, août 2005.

[244] Le prince Bandar a versé 32 millions de dollars aux Contras via un compte aux Iles Caïman. Cfr : « US Relies Heavily on Saudi Money to Support Syrian Rebels », *New York Times*, 23/1/2016

[245] « Riggs Bank Had Longstanding Link To the CIA », *The Wall Street Journal*, 31/12/2004

[246] Jack Shafer, "The CIA and Riggs Bank", *Slate*, 07/01/2005

Personne n'avait peut-être envie de soulever le fait que le PDG de la Riggs, Joe L. Allbritton – ex homme d'affaire de Houston – était un grand ami de la famille Bush, et que Jonathan Bush – oncle de George W. Bush - était un des hauts responsables de la banque, qui « participa très généreusement au financement de la campagne présidentielle de son neveu ».[247]

Omar Al Bayoumi quitta les Etats-Unis en juillet 2001 pour poursuivre des études en Grande Bretagne. Il fut arrêté par les autorités britanniques dix jours après le 11 Septembre. Après une enquête de Scotland Yard et du FBI, il fut relâché, reprit ses études et retourna en Arabie saoudite. La succursale londonienne de la Riggs Bank fut envahie par un bataillon d'hommes en complets gris afin de nettoyer ses dossiers.[248]

Cet épisode, qui semble avoir été considéré comme bénin par les enquêteurs et par les médias, ne révèle pas seulement les liens entre l'Arabie saoudite et les attentats du 11 Septembre, mais surtout les liens entre les services secrets saoudiens, la CIA et le clan Bush.

Si la thèse selon laquelle les Etats-Unis ont été entraînés à leur insu dans une dérive terroriste était vraie, les attaques du 11 Septembre auraient dû déclencher une mise en question radicale de leurs relations avec l'Arabie saoudite. Le fait que l'affaire des paiements aux pirates de l'air de l'ambassadeur d'Arabie saoudite par l'intermédiaire de la Riggs Bank ait été étouffée au niveau judiciaire et médiatique confirme, au contraire, les liaisons dangereuses entre le pouvoir américain et le terrorisme.

Les relations entre le prince Bandar bin Sultan, la Riggs Bank et Omar Al Bayoumi n'ont même pas été évoquées dans le rapport de la Commission sur le 11 Septembre, qui n'a par conséquent trouvé « aucune preuve que le gouvernement saoudien ou des officiels saoudiens importants auraient finan-

---

[247] Alain Astaud, Riggs Bank, blanchisseuse des dictateurs, *Le Monde Diplomatique*, août 2005.
[248] Communication personnelle d'un cadre de la banque.

cé individuellement les attaques ». Paul Bremer, ancien président de la Commission Nationale sur le terrorisme, a pourtant déclaré que des analyses gouvernementales classifiées qu'il avait pu consulter au début de l'année 2000 confirmaient l'aide financière de personnages fortunés du Moyen Orient à Oussama Ben Laden.[249]

La mansuétude de la Commission n'a peut-être rien d'étonnant dans la mesure où le président de la Commission, Thomas Kean, était directeur et actionnaire du géant pétrolier Amerada Hess, qui créa une société commune avec la firme pétrolière saoudienne Delta Oil, intéressée à la construction d'un gazoduc traversant l'Afghanistan. Un des propriétaires de Delta Oil n'était autre que Khalid Bin Mahfouz, bienfaiteur d'Oussama Ben Laden, comme on l'a vu au chapitre 5. Il est plus étonnant de constater que « l'homme à la tête de l'organisme chargé d'élucider les causes du plus terrible attentat qui ait jamais endeuillé les Etats-Unis, a eu pour associé [un homme] soupçonné d'avoir financé l'organisation terroriste qui l'a préparé ».[250]

Une enquête du Congrès publiée en 2002 avait conclu que « certains officiels saoudiens aux Etats-Unis étaient au courant du complot ». Le rapport ultérieur de la Commission du 11 Septembre, publié en 2004, a occulté le rapport du Congrès. Les 28 pages de ce rapport, concernant les liens entre le terrorisme et l'Arabie saoudite, ont été censurées lors de sa publication. Le document pouvait être consulté seulement par des membres du Congrès, dans un local sécurisé, sous surveillance, sans équipement électronique et sans pouvoir prendre de notes. Elles n'ont été publiées (largement caviardées), que 13 ans plus tard, en juillet 2015, suite à l'action d'un groupe de citoyens.[251]

La partie lisible montre que, contrairement à l'affirmation de la Commission du 11 Septembre, il existe des

---

[249] « Suspicious profits sit uncollected", *San Francisco Chronicle*, 29/9/2001
[250] Eric Laurent, *La Face cachée du 11 septembre*, Pocket 2004, p.72
[251] *https://28pages.org/*

preuves que des officiels saoudiens importants ont financé les terroristes d'Al Qaida. Par exemple :

> *La CIA, le département du Trésor et les officiels du FBI ont exprimé leurs préoccupations concernant les liens entre la Fondation al-Haramain (HIF), le gouvernement saoudien et l'activité terroriste. La réponse du FBI du 18 novembre 2002 montre que la Fondation al-Haramain (HIF) a des liens évidents avec le gouvernement saoudien, et que des rapports des renseignements suggèrent qu'elle fournit un soutien financier et logistique à Al Qaida.*[252]

L'étouffement systématique des enquêtes du FBI et de la CIA relatives à ces liens est confirmé par le document du Congrès. La multitude des liens suspects et l'importance des circuits de financement du terrorisme qui ont été ignorés - avant et après la rédaction de ce rapport – renforcent l'impression qu'il s'agit d'opérations secrètes impliquant la direction des services américains – un iceberg dont on n'aperçoit que la pointe.

Lorsque le Congrès envisagea en 2016 de donner suite à la demande des familles de victimes de réclamer justice et dédommagements à l'Arabie saoudite, celle-ci menaça de déclencher un séisme boursier en vendant jusqu'à 750 milliards d'obligations du trésor américain.[253] Menace qui à elle seule confirme son implication dans les attaques terroristes. Le gouvernement américain tolère ce chantage sans incident diplomatique. Le Président Obama a même tenté d'opposer son veto à la loi votée par le Congrès en septembre 2016, qui autorise les familles de victimes à poursuivre des officiels saoudiens pour leur responsabilité éventuelle dans les attentats.[254]

---

[252] *https://28pages.org/the-declassified-28-pages/*
[253] "9/11 families furious over Saudi threat", *The Times*, 18/04/2016.
[254] Les familles des victimes du 11-Septembre peuvent désormais poursuivre l'Arabie saoudite, *Le Monde* 28/9/2016

Cette position surprenante s'explique peut-être par le fait que l'Arabie saoudite finance aujourd'hui, à hauteur de plusieurs milliards de dollars, des rebelles syriens armés et formés par la CIA.[255]

---

[255] U.S. Relies Heavily on Saudi Money to Support Syrian Rebel, *New York Times,*23/1/2016; Christopher Davidson, Shadow Wars, *The Secret Struggle for the Middle East*, London, 2016, p.447

7 AL QAIDA AUX USA

L'histoire du 11 Septembre ne se résume pas à la perte de contrôle d'un agent américain dévoyé. Ben Laden n'est que l'arbre qui cache la pépinière de djihadistes, entretenue par les services secrets occidentaux, dans le cadre de l'instrumentalisation de l'islamisme décrite auparavant. Je me concentrerai sur deux exemples majeurs, qui ont opéré aux Etats-Unis et dont le rôle s'étend sur une vingtaine d'années.

Omar Abdel-Rahman, le cheik aveugle

Né en Egypte en 1938, aveugle depuis l'enfance, Omar Abdel-Rahman a étudié la théologie au Caire. Il prêchait contre le régime laïc du Président Nasser et fut soupçonné de liens avec les assassins du Président Sadate en 1981. Il était proche du Jihad islamique, mouvement dirigé par Ayman Al Zawahari, un des futurs leaders d'Al Qaida.

Abdel-Rahman se rendit en Afghanistan, au milieu des années 1980, où il entretint des liens étroits avec Oussama Ben Laden durant la guerre contre les Soviétiques. « Qu'il prêche, et les mosquées se remplissent de fidèles prêts à franchir les passes montagneuses et à braver les dangers pour aller se battre contre les infidèles soviétiques. »[256] Il travaillait étroitement avec les officiers de renseignement américains et pakistanais, qui orchestraient la guerre secrète en Afghanistan.[257]

En dépit de ce pedigree – ou plutôt grâce à lui – et en dépit du fait qu'il était sur une liste de terroristes surveillés par le Département d'Etat, Abdel-Rahman obtint un visa touristique pour les Etats-Unis.

En 1990, le *New York Times* s'étonnait de ses activités à Brooklyn. Une représentante du Département d'Etat prétendit qu'une « erreur de procédure » avait été commise et que le consul qui lui avait donné un visa n'avait pas vérifié si son nom se trouvait sur la liste des terroristes.[258] En réalité, « le Département d'Etat détermina que, même s'il figurait sur la liste des indésirables, le cheik obtint trois visas de la part *d'agents de la CIA* qui agissaient sous couverture en tant que fonctionnaires du Département d'Etat à l'ambassade américaine de Khartoum. »[259]

Mieux, il obtint sa « carte verte » du service d'immigration de Newark, New Jersey en 1991. Elle fut révoquée en 1992, mais il resta sur place et demanda l'asile politique aux Etats-Unis. Entretemps, il prêchait dans trois mosquées de la région de New York, et était entouré de responsables de l'attentat à la bombe contre le World Trade Center de 1993.

Cet attentat eut lieu cinq semaines après le début de l'administration Clinton. Les années de la présidence de Bush père (1989-1993) – ancien chef de la CIA – où Abdel Rahman avait pu voyager et agir librement aux Etats-Unis étaient finies. Il fut arrêté en juin 1993, lors de l'enquête sur le premier attentat du World Trade Center, et condamné à la prison

---

[256] Calvi, Fabrizio, *11 septembre, la contre-enquête*, 2011, p.61

[257] Idem, p.64

[258] « Islamic Leader on US Terrorist List is in Brooklyn", The New York Times, 16/12/1990.

[259] Peter Dale Scott, *La Route vers le Nouveau Désordre Mondial*, Editions Demi-Lune, 2013, p.201

à vie en 1996. Il est décédé en prison en février 2017, à l'âge de 78 ans.[260]

Ali Mohamed le béret vert

La biographie d'un autre proche de Ben Laden, Ali Abdul Saoud Mohamed, est encore plus surprenante.[261]

Né en 1952 en Egypte, comme Omar Abdel-Rahman, il devient officier de l'armée égyptienne et suit un programme spécial de formation pour officiers étrangers à l'école des Forces Spéciales américaines de Fort Bragg, en Caroline du Nord (la SOCOM), siège des « bérets verts », spécialistes des opérations psychologiques et secrètes.

En 1984, au Caire, il est engagé par la CIA, puis envoyé en Allemagne. Alors qu'il est chargé d'approcher une branche du Hezbollah en Allemagne, la CIA découvre qu'Ali Mohamed a trahi, grâce à un autre espion infiltré. La CIA prétend couper tout lien avec lui, et l'inscrit sur une liste l'empêchant d'entrer aux Etats-Unis.[262]

Déclaration douteuse, puisqu'Ali Mohamed obtint un visa pour les Etats-Unis dès 1985,

> *grâce à un programme peu connu qui permet à la CIA et à d'autres agences de sécurité de faire entrer dans le pays des agents qu'ils considèrent comme intéressants sans avoir à passer par les formalités habituelles de l'immigration. Selon des sources des services de renseignements ces dérogations sont contrôlées par le Département des opérations de la CIA, la partie clandestine de l'agence.[263]*

---

[260] "Omar Abdel Rahman, Blind Cleric Found Guilty of Plot to Wage 'War of Urban Terrorism,' Dies at 78", *New York Times, 18/02/ 2017*

[261] *www.historycommons.org/entity.jsp?entity=ali_mohamed*

[262] "THE MASKING OF A MILITANT: A special report; A Soldier's Shadowy Trail In U.S. and in the Mideast", *The New York Times, 01/12/ 1998*

[263] "Figure Cited in Terrorism Case Said to Enter US with CIA Help", *Boston Globe, 03/03/1995*

Il s'installe en Californie, épouse une Américaine et devient citoyen des Etats-Unis.

De 1986 à 1989 il est engagé dans les forces armées américaines et posté à Fort Bragg, où il a suivi une formation cinq ans plus tôt. Il est admis au centre d'études stratégiques, le lieu le plus secret destiné à former les forces spéciales, « fer de lance des opérations clandestines et des coups tordus de l'armée américaine ».[264]

En 1988, il effectue une « pause carrière » et se rend en Afghanistan, où il dirige des camps de formation suivis par rien moins que Ben Laden, Ayman Al Zawahari et de terroristes responsables des attentats contre les ambassades américaines en Tanzanie et au Kenya.

Son commandant à Fort Bragg, le lieutenant colonel Robert Anderson, rédige des rapports à son sujet, afin que les services de renseignement de l'armée enquêtent et le jugent, mais ces rapports sont ignorés (ils étaient devenus « introuvables » en 2001).[265] Le lieutenant Anderson est convaincu qu'Ali Mohamed « était sponsorisé par un service de renseignement américain, *la CIA je suppose* ».[266]

Anderson a raison, mais il n'est pas dans les secrets de la CIA. Il n'est pas au courant de l'Opération Cyclone et ignore que les bérets verts et les Navy Seals (force spéciale de la marine des Etats-Unis) ont aussi formé des moudjahidines afghans aux Etats-Unis à partir de 1980.[267]

En novembre 1989, Ali Mohamed quitte l'armée américaine avec les honneurs pour son « patriotisme, sa valeur, sa

---

[264] Fabrizio Calvi, *11 Septembre, la contre-enquête*, 2011, p.38

[265] Bergen, *Holy War Inc., Inside the Secret World of Osama bin Laden*, The Free Press, New York, 2001, p. 130.

[266] Lance Williams and Erin McCormick "Al Qaeda terrorist worked with FBI / Ex-Silicon Valley resident plotted embassy attacks", *San Francisco Chronicle*, November 4, 2001.

[267] Robert Dreyfuss, *Devil's Game*, New York, 2005, p.277

fidélité et son excellence professionnelle ».[268] Il reste encore cinq ans dans l'armée de réserve.

Dès sa sortie de l'armée active, il entre au service de Ben Laden, dont il organise le voyage, ainsi que celui de plus de deux mille moudjahidines d'Afghanistan au Soudan, où Ben Laden séjournera de 1991 à 1996.[269] Au cours de l'année 1992, il se rend 58 fois en Afghanistan pour former des moudjahidines participant à la guerre civile, après la défaite des Soviétiques.

Comme à l'époque où il était officier à Fort Bragg, il continue à donner des formations militaires clandestines au Al Kifah Refugee Center de Brooklyn, notamment aux terroristes du premier attentat contre le World Trade Center de 1993. Ceci à l'aide de manuels de l'armée américaine, photocopiés lors de son séjour à Fort Bragg et traduits en arabe.

Ce centre de Brooklyn dépendait du Maktab Al Khidamat (MAK), appelé aussi Al Kifah (« le combat »), pseudo-organisation caritative pakistanaise fondée par Ben Laden, qui recrutait des combattants et récoltait de l'argent pour le djihad en Afghanistan, et fut englobée dans Al Qaida après 1990[270] (le recrutement avait lieu également à Atlanta, Chicago, dans le Connecticut, le New Jersey et dans un total de 26 États).[271] Le centre était situé dans le même bâtiment que la mosquée où officiait le « cheik aveugle ». Le journal britannique *The Independent* désigne ce lieu comme « d'importance primordiale pour l'Opération Cyclone de soutien aux dines. »[272] (voir chapitre 5)

Le 16 juin 1993, Ali Mohamed est interrogé par la police canadienne à l'aéroport de Vancouver, alors qu'il vient cher-

---

[268] THE MASKING OF A MILITANT: A special report; A Soldier's Shadowy Trail In U.S. and in the Mideast, *The New York Times, 01/12/* 1998.

[269] Lance, Peter, *Triple Cross*, New York, 2006, p.77

[270] "THE F.B.I. For Agent in Phoenix, the Cause of Many Frustrations Extended to His Own Office", *New York Times*, 19/06/2002.

[271] Bergen, p.133

[272] *The Independent*, 11/01/1998

cher Essam Marzouk, arrêté par la douane parce qu'il détenait plusieurs faux passeports. Marzouk avoue qu'il vient de passer cinq ans comme « Arabe volontaire » au Pakistan et en Afghanistan. Il est cependant autorisé à s'installer au Canada, où il restera jusqu'en 1998. Ensuite, il retournera en Afghanistan, puis à Nairobi (Kenya) où il participera aux derniers préparatifs de l'attentat contre l'ambassade américaine du 7 août 1998.[273]

Lors de cet incident à l'aéroport, la police canadienne identifie Ali Mohamed comme un agent important d'Al Qaida. Celui-ci admet qu'il est proche d'Oussama Ben Laden et qu'il est monté à Vancouver pour faire passer Marzouk aux Etats-Unis. Au bout d'un long interrogatoire, Mohamed demande qu'on appelle John Zent, son agent traitant du FBI. Celui-ci confirme que Mohamed travaille pour le FBI et demande aux Canadiens de le relâcher.[274][275][276]

En 1994, Ali Mohamed reçoit une citation à comparaître dans le procès de l'attentat du World Trade Center de 1993, dont il ne tient pas compte, sans que cela ne lui entraîne le moindre ennui. Le procureur du procès a même fait le voyage de New York en Californie, accompagné d'un agent du FBI de New York, pour le convaincre de *ne pas* témoigner au procès, où il est cité comme « co-conspirateur non inculpé », en assurant qu'ils le couvriraient.[277]

En 1995, il est engagé par une société de sécurité, *Burns International Security Company*, qui « gère *deux points de contrôle que les pirates de l'air ont emprunté le 11 Septembre 2001 à* l'aéroport Logan de Boston ».[278] En 1996, il assure la sécurité

---

[273] Bell, Stewart. "Under Western Eyes", *National Post*, 14/10/2005

[274] "Canada freed top al-Qaeda operative. Mounties releases him after call to FBI, *Globe and Mail* 2/11/2001

[275] "Sergeant Served U.S. Army and Ben Laden, Showing Failings in FBI's Terror Policing, *The Wall Street Journal*, 26/11/2001.

[276] "Al Qaeda terrorist worked with FBI / Ex-Silicon Valley resident plotted embassy attacks", *San Fransisco Chronicle*, 4/11/2001.

[277] Peter Lance, Triple Cross, 2006, p.176

[278] Scott, 224.

de Ben Laden et de sa suite pendant leur voyage de retour du Soudan vers l'Afghanistan, dont nous avons déjà parlé.[279] En septembre 1998, Ali Mohamed est enfin arrêté, pendant une audition relative aux attentats de Tanzanie et du Kenya. Son arrestation est tenue secrète, mais les medias la découvrent après un mois.[280]

En octobre 2000, il plaide coupable de cinq charges en rapport avec les attentats contre les ambassades américaines du Kenya et de Tanzanie. Ces charges incluent une conspiration pour tuer des soldats américains en Somalie et en Arabie saoudite, une conspiration pour assassiner des ambassadeurs et des fonctionnaires d'ambassades, et une conspiration pour tuer des civils américains n'importe où dans le monde.

En dépit de ces accusations impressionnantes, il échappe au procès des attentats, négocie un accord secret avec le gouvernement et ne sera *jamais condamné*. Immédiatement après les attentats du 11 Septembre, Ali Mohamed — comme beaucoup d'autres terroristes détenus — aurait été placé dans une prison de haute sécurité, coupé du monde extérieur et des médias.

Peu après le 11 septembre il fut interrogé, en tant que formateur d'Al Qaida, par son officier traitant du FBI, l'agent spécial Jack Cloonan, qui lui demanda comment les pirates du 11 Septembre avaient procédé.

« Il m'a expliqué l'attaque comme s'il en connaissait tous les détails : comment il avait appris aux terroristes d'Al Qaida à s'installer en première classe et à introduire des cutters dans les avions. Il comprenait tout, mais n'était probablement pas au courant de l'organisation du complot, car il faut se rappeler qu'il était sous notre garde depuis septembre 1998. »[281]

---

[279] "Al-Qaeda terrorist duped FBI, Army", Raleigh News and Observer, 21/10/2001

[280] "US Ex-Sergeant Linked to Ben Laden Conspiracy", *The New York Times*, 30/10/1998.

[281] Emission televisée : *"National Geographic Presents Triple-Cross, Ben Laden's Spy in America"*, 28/08/2006

Un homme généreux

Il est également troublant de constater qu'un des contacts des pirates de l'air, Mohamed Abdi, travaillait depuis 1994 – à la même période qu'Ali Mohamed – comme gardien de sécurité pour la Burns International Security Company. Une filiale de la Burns, Globe Aviation Services, s'occupait du contrôle des bagages d'American Airlines à l'aéroport Logan de Boston, d'où les pirates de l'air embarquèrent sur les vols American Airlines et United Airlines qui s'écrasèrent sur les deux tours du World Trade Center.[282]

Le nom et le numéro de téléphone du gardien de sécurité d'origine somalienne a été retrouvé dans une voiture garée sur le parking de l'aéroport Dulles de Washington, immatriculée au nom d'un des pirates de l'avion qui s'est écrasé sur le Pentagone, Nawaf Alhazami. Le détecteur de mensonge indiqua que Mohamed Abdi ne disait pas la vérité en affirmant n'avoir eu aucun contacts avec les pirates.

Trois jours après les attentats, il tenta de se débarrasser de *cinq vestes de gardiens de sécurité de la Burns* en les donnant à l'Armée du Salut (cinq, comme le nombre de pirates du vol 11 American Airlines). Son avocat plaida que son client était « *un homme généreux* qui voulait seulement se débarrasser d'un sac de vêtements inutilisés pour faire plaisir à quelqu'un qui en aurait besoin. »[283] Une générosité payante... Malgré ce faisceau d'indices, Mohamed Abdi n'a pas été jugé complice des terroristes, mais condamné pour un simple faux chèque remis à sa propriétaire.

Loin d'être inquiété après les attentats du 11 Septembre, l'ancien Sergent de Fort Bragg Ali Mohamed a vu sa sentence

---

[282]http://www.historycommons.org/entity.jsp?entity=mohamed_abdi_1;*http://www.historycommons.org/timeline.jsp?timeline=complete_911_timeline&startpos=4600#a101001nowrongdoing*
[283] "Va. Man With Possible Sept. 11 Tie is Sentenced", *The Washington Post*, 12/01/2002

« postposée indéfiniment »[284] en décembre 2001. Selon le journaliste Peter L. Bergen, analyste en terrorisme de CNN, Ali Mohamed a passé un accord avec la justice en tant que « témoin du gouvernement contre Al Qaida »[285], alors qu'il n'a rien révélé des projets d'Al Qaida.[286] Il est considéré aujourd'hui comme un « détenu fantôme », mais un ancien agent du FBI affirme qu'il n'a jamais été en prison.[287] En 2006 il semblait bénéficier, dans la région de New York, du statut de témoin protégé. Sa présence dans le rapport de la Commission sur le 11 Septembre est tout aussi fantomatique : son nom n'y apparaît qu'une fois et sa riche épopée se résume à six lignes.[288]

Cette discrétion et cette indulgence généralisées incitent à revenir sur l'énigme de la base de données d'Able Danger. Le motif juridique invoquée pour son effacement n'était qu'un prétexte. L'effacement eut lieu une semaine après qu'un organigramme ait mis en évidence le rôle d'Ali Mohamed au sein d'Al Qaida. On peut être enclin à y voir une relation de cause à effet. Certains pensent que les services de renseignement voulaient simplement éviter le scandale et dissimuler le fait qu'ils avaient été trompés pendant quinze ans par un agent d'Al Qaida.

Avaient-ils été trompés ? La CIA ne peut invoquer la naïveté, puisqu'elle savait qu'Ali Mohamed avait trahi dès le début de sa carrière. Ce qui, paradoxalement, n'a pas empêché la CIA de le faire entrer aux Etats-Unis, à l'armée, puis dans le secteur des opérations les plus secrètes de celle-ci.

En dissimulant le rôle d'Ali Mohamed, les services de renseignement ont effacé en avril 2000 *toutes* les données rela-

---

[284] Ton Hays and Sharon Theimer, "Egyptian agent worked with Green Berets, Ben Laden", The Associated Press, 31/12/2001
[285] Peter L. Bergen, *Holy War, Inc.*, p.85.
[286] Peter Lance, Triple Cross, 2006, p.361
[287] Ali Soufan, The *Black Banners: The Inside Story of 9/11 and the War Against al-Qaeda*, 2011, p.561
[288] *The 9/11 Commission Report*, p.68

tives aux cellules d'Al Qaida qui auraient permis d'empêcher les attaques du 11 Septembre, dix-huit mois plus tard. On peut s'interroger sur les causes de cet aveuglement volontaire : la destruction des données d'Able Danger visait-elle à cacher le passé ou le futur ?

On comprend pourquoi Ali Mohamed a été couvert par les services de renseignement lorsqu'il formait des combattants arabes à Brooklyn et en Afghanistan, dans le cadre de l'Opération Cyclone, visant à chasser l'armée russe d'Afghanistan. Mais comment se fait-il qu'il ait continué à être protégé après la chute de l'URSS en 1989 (moment où il quitte l'armée active pour entrer dans l'armée de réserve), alors qu'il contribuait à la préparation de l'attentat contre le World Trade Center de 1993, contre les ambassades américaine en Tanzanie et au Kenya en 1998, ainsi que du 11 septembre 2001 ? Comment peut-il être quasimen libre aujourd'hui plutôt qu'à Guantanamo ?

Tout s'est passé comme si *quelque chose* devait continuer. Après l'Opération Cyclone, par quel nouveau programme secret Ali Mohamed était-il protégé ? Pour combattre les Russes en Afghanistan, il avait d'abord fallu les provoquer (comme l'expliquait Zbigniew Brzezinski). Fallait-il également *provoquer* la terreur pour pouvoir la combattre?

8 TERRORISTES AU SERVICE DU MI 5

Le laxisme, l'aveuglement volontaire et l'instrumentalisation des terroristes musulmans par les services de renseignement ne se limitent pas aux Etats-Unis. Un phénomène identique s'observe, de manière coordonnée, chez leur principal allié, la Grande-Bretagne. « On pense aujourd'hui qu'au moins dix des pirates du 11 Septembre ont séjourné à Londres pendant plusieurs semaines avant de se rendre aux Etats-Unis. »[289]Voici quelques *curriculum vitae* révélateurs :

Omar Bakri

L'imam londonien Sheik Omar Bakri, fondateur de l'organisation Al-Muhajiroun, recrutait « des Britanniques naïfs pour rejoindre les rangs d'Al Qaida à l'étranger… 60% des étrangers qui combattaient pour Al Qaida et les Talibans sont venus de Grande-Bretagne. »[290]

1.200 musulmans britanniques ont été formés par le réseau terroriste Al Qaida d'Oussama Ben Laden en Afghanistan… Le renseignement militaire a trouvé leurs noms, leurs adresses et d'autres détails les concernant au cours des fouilles effectuées dans le complexe des grottes de ben Laden à Tora Bora.[291]

---

[289] « The Path to 9/11 », *Vanity Fair*, November 2004
[290] Nafeez Mosaddeq Ahmed, *La Guerre contre la vérité*, 2006, p.136.
[291] "Hunt for 1,200 Britons who trained with al-Qa'eda", *The Telegraph*, 26/01/2003

Un analyste de la sécurité et de la défense américaine déclarait au Washington Times : « Al Muhajiroun est un recruteur majeur pour les terroristes. Tous les agents et opérateurs du contre-terrorisme savent qu'il sert de couverture à Ben Laden. »[292]

En 1998, Ben Laden envoie un fax à Omar Bakri définissant quatre objectifs spécifiques de la guerre sainte contre les Etats-Unis : « Abattre leurs avions, empêcher le passage de leurs bateaux, occuper leurs ambassades, imposer la fermeture de leurs sociétés et de leurs banques. »[293]

Peu avant le 11 Septembre, l'agent du FBI Kenneth Williams a fait le lien entre des élèves d'écoles de pilotages en Arizona (futurs pirates de l'air) et le groupe Al-Mihajiroun fondé par Omar Bakri[294] (voir chapitre 9).

Après le 11 Septembre, Omar Bakri poursuivra sans problème ses activités à Londres. En janvier 2005, il encourage ses disciples à participer au jihad, il accorde son pardon aux auteurs des attentats-suicides (!), prête allégeance à Oussama Ben Laden et leur dit qu'ils sont en guerre contre la Grande-Bretagne.[295]

Après les attentats de Londres du 7 juillet 2005 (50 morts et 700 blessés), Omar Bakri fait l'éloge des quatre terroristes responsables, qu'il surnomme les « quatre fantastiques » dans des réunions privées où il encourage ses disciples à devenir martyrs. Un journaliste infiltré dans ces réunions est sur le point de publier ses propos dans le *Sunday Times*, quand Omar Bakri est autorisé à partir au Liban, la veille de la publication.

Deux jours après son départ, les autorités annoncent qu'elles *envisagent* de le poursuivre sur base des lois contre la

---

[292] «Al Qaeda uses Web sites to draw recruits, spread propaganda", *The Washington Times*, 10/09/2003.
[293] "Haunted by Years of Missed Warnings", *The Los Angeles Times*, 14/10/2001.
[294] « Agent Agent Linked Pilot Trainees, Ben Laden", Associated Press, 23/05/2002.
[295] « Muslims Urged to Wage War on UK", *Evening Standard*, 17/0/2005.

trahison. Bakri ne remettra jamais les pieds en Grande-Bretagne, mais il ne fait l'objet d'aucune poursuite.

Le laxisme des autorités britanniques s'explique probablement par le fait qu'Omar Bakri travaillait pour les services de renseignement (MI5). Il l'a avoué au journaliste anglais Ron Suskind, quelques mois avant les attentats de Londres de 2005.[296] Ces aveux confirmés en 2007 (il résidait alors en Lybie), ne seront rendus publics que dans le livre de Ron Suskind en 2008.[297]

Tout cela n'était, semble-t-il, qu'un jeu lugubre des services de renseignement. Au risque de lasser, je citerai trois autres exemples de « grands Satan » tout aussi douteux de la guerre à la terreur: Anas Al Liby, Abou Qatada et Abou Hamza.

Anas Al Liby

Anas Al Liby est un expert en informatique qui a formé des membres d'Al Qaida en Afghanistan, avant de se rendre au Soudan, à l'époque où Ben Laden s'y trouvait. En 1993, il se rend à Nairobi (Kenya) pour réaliser des photos de surveillance de l'ambassade américaine.[298]

Il est mêlé à une tentative d'assassinat du Président égyptien Hosni Moubarak lors d'un voyage de ce dernier en Ethiopie en 1995. Peu après, il entre en Grande-Bretagne où il demande l'asile politique. Les Egyptiens réclament son extradition pour son rôle dans la tentative d'assassinat. Ils joignent un dossier montrant qu'Al Liby a combattu aux côtés de Ben Laden en Afghanistan, avant de s'installer avec lui au Soudan.

La demande d'extradition est refusée, au motif que le prévenu risque la peine de mort en Egypte. L'année suivante,

---

[296] History Commons, *Timeline 9/11*
[297] Ron Suskind, *The Way of the World: A Story of Truth and Hope in an Age of Extremism*, 2008.
[298] Mark Curtis, *Secret Affairs Britain's Collusion with Radical Islam*, Serpent's Tail, London, 2012, p.229.

les services secrets britanniques engagent al-Liby, qui est de nationalité lybienne, pour une tentative d'assassinat du colonel Khadafi, évoquée plus haut (chapitre 5).[299]

Anas Al Liby est également impliqué dans les attentats de 1998 contre les ambassades américaines au Kenya et en Tanzanie, ce qui ne l'empêche pas de bénéficier de l'asile politique et de vivre en Grande-Bretagne jusqu'en mai 2000.

Deux jours après ces attentats en Afrique, un des poseurs de bombes, Mohamed Al Owhali, est secrètement arrêté au Kenya et se met à parler.[300] On ne sait comment, Anas al-Liby en est informé et il appelle Ali Mohamed (« le Béret Vert ») et lui conseille de quitter les Etats-Unis. L'appel est enregistré par le FBI.[301] Ali Mohamed est alors arrêté, le 10 septembre 1998.

En mai 2000, le domicile d'Al Liby à Manchester est perquisitionné à la demande de procureurs américains et al-Liby est arrêté. Une équipe du FBI, conduite par John O'Neill, participe à la perquisition, et demande qu'Al Liby soit détenu le temps d'examiner les objets saisis.

Mais la police anglaise le libère au contraire.[302] Dans ses affaires on découvrira un manuel d'entraînement d'Al Qaida en arabe[303], rédigé par Ali Mohamed, l'ancien sergent de Fort Bragg, à partir de sa propre expérience et de manuels de formation de l'armée américaine. Al Liby parvient à quitter l'Angleterre, en échappant à une équipe lancée à sa poursuite. En 2002, les Etats-Unis lancent un avis de recherche, avec une récompense de 25 millions de dollars.

---

[299] "City was Home to a Terrorist with $25m Price on his Head", *The Times*, 16/01/2003.

[300] "Embassy bombing defendant says he warned of Yémen attack", *CNN*, 18/01/2001

[301] Peter Lance, *Triple Cross*, 2006, pp.297-298.

[302] Ali H. Soufan, *The Black Banners: The Inside Story of 9/11 and the War Against al-Qaeda*, 2011.

[303] "Translation: 'The How-To Book of Terrorism'", *The New York Times*, 05/04/2001.

Il aurait été capturé en 2003 au Soudan et déporté secrètement en Egypte. En 2007, Human Right Watch le considérait comme un « prisonnier fantôme », qui *pourrait* être détenu aux Etats-Unis[304].

Abou Qatada

Un autre personnage illustre les liens troubles entre terrorisme islamiste et services secrets occidentaux. L'imam Abou Qatada était un des associés d'Omar Bakri, fondateur de l'organisation Al-Muhajiroun recrutant des jeunes Britanniques pour rejoindre les rangs d'Al Qaida à l'étranger.

Abou Qatada se trouvait également en Afganistan à la fin des années 1980 et au début des années 1990, où il a connu le futur dirigeant d'Al Qaida en Irak[305]. Il est entré en Grande-Bretagne avec un faux passeport des Emirats Arabes Unis en 1993, ce qui ne l'a pas empêché d'obtenir l'asile en 1994.[306]

La mosquée de Finsbury Park, où il officiait, servait de centre de recrutement, de radicalisation et de soutien aux terroristes. Zacarias Moussaoui, surnommé « le 20ᵉ pirate de l'air » y a été recruté, de même que Richard Reid, l'homme à la chaussure piégée, qui aurait tenté de faire sauter un avion se dirigeant vers Miami en décembre 2001.

Abou Qatada se trouvait

> *au centre d'une toile mondiale de conspirations terroristes qui s'étend de Washington à Amman et de Londres à Madrid. Il est recherché par la police en Amérique, en Grande-Bretagne, en Belgique, en Espagne, en France, en Allemagne, en Italie et en Jordanie.[307]*

En décembre 2001, alors que les pressions internationales s'intensifiaient, il disparut – quelques heures avant son

---

[304] *http://pantheon.hrw.org/legacy/backgrounder/usa/ct0607/4.htm*
[305] Mark Curtis, p.269.
[306] *www.historycommons.org*
[307] « Britain's most wanted», *The Guardian*, 05/05/2002.

interpellation prévue par Scotland Yard. En réalité il s'était installé dans une localité du nord de l'Angleterre, sous la protection du MI5 (contre-espionnage britannique).[308]

Un chef des services de renseignement français affirmait : « Le renseignement britannique déclare qu'il n'a aucune idée où il se trouve, mais nous savons où il est, et si nous le savons, je suis persuadé qu'ils le savent aussi ». Un an plus tard il est découvert dans un appartement proche de Scotland Yard.[309] On découvrit aussi qu'il travaillait pour le MI5 depuis le milieu des années 1990.

Arrêté en 2002 sur base de la loi antiterroriste, il a été plusieurs fois relâché et repris, mais il ne fera l'objet d'aucune poursuite. En 2013, il est expulsé vers la Jordanie, où il sera déclaré non-coupable de crimes terroristes et libéré en septembre 2014.[310]

Abou Hamza

Abou Hamza était aussi un imam de la mosquée de Finsbury Park – de 1997 à 2004 – célèbre pour le crochet remplaçant sa main droite arrachée (de même que son autre main et un de ses yeux) lors d'une explosion en Afghanistan.

Pendant sept ans, il délivra des discours incendiaires et envoya de l'argent et des recrues à Al Qaida, jusqu'à ce qu'il soit arrêté en 2004. Il a été extradé aux Etats-Unis en 2012. Lors de son procès, son avocat révéla un rapport de Scotland Yard de 50 pages, montrant que son client travaillait pour le MI5. Mais le juge américain décida que l'accusé ne pouvait pas témoigner sur ses accords avec les services secrets britanniques. En 2015, il a été condamné à la prison à vie et à l'isolement, sans possibilité de libération anticipée.

---

[308] « La disparition d'un chef d'Al Qaida embarasse Londres », *Le Figaro*, 09/0/2002.
[309] "Al-Qaeda cleric exposed as an MI5 double agent", *Times*, 25/03/2004
[310] *https://en.wikipedia.org/wiki/Abu_Qatada*

Nous voyons donc quatre figures majeures d'Al Qaida basées en Grande-Bretagne, mêlées à l'ensemble du réseau, qui évoluent de manière parallèle : actifs et protégés par les services secrets au cours des années 1990.

Sans être exhaustif – il y faudrait une encyclopédie – j'ai cerné quelques cas assez probants pour comprendre à quel point les racines, le tronc et les branches des réseaux terroristes islamistes sont mêlés aux services de renseignement occidentaux.

Ceci devrait nous aider à sortir d'une vision simpliste du monde et à mieux analyser les origines du mal terroriste. Si Al Qaida n'est pas une puissance autonome, mais une nuée de fanatiques manipulés par les services de renseignement, avec la complicité de leaders et d'imams corrompus, il faut tenter de comprendre comment les services anti-terroristes mènent ce jeu.

9 ENQUÊTEURS SABOTÉS, SABOTEURS PROMUS

Le paradoxe qui ressort des parcours de Ben Laden, Omar Abdel-Rahman, Ali Mohamed, Omar Bakri, Anas al Liby, Abou Qatada et Abou Hamza est celui de terroristes protégés par ceux qui sont supposés les traquer.

Ce jeu trouble inspire un sentiment d'insécurité propice au déni. La menace terroriste nous inquiète à juste titre. Si nous devons en plus nous méfier des services censés nous protéger contre cette menace, où trouver la sécurité ? C'est idée est insupportable et nous avons tendance à nier les faits troublants à des théories *complotistes*.

Si l'on veut faire face aux faits, il faut tenter de les comprendre. On peut constater que certains acteurs du terrorisme ou de l'anti-terrorisme sont conscients du double-jeu qu'ils mènent, d'autres pas.

Les leaders terroristes propagent des discours incendiaires, anti-américains, antijuifs et anti-occidentaux. Omar Bakri, par exemple, a émis une fatwa depuis la mosquée de Finsbury Park à Londres :

« J'appelle tous les musulmans du monde à marcher sur les édifices du gouvernement, leur parlement et leur palais présidentiel, à les occuper et à déposer leurs chefs pour accomplir un pas en avant, et à prendre le commandement et envoyer les armées musulmanes combattre les agresseurs et les occupants et à établir le Khalifat...

J'appelle les musulmans du monde entier à résister à toutes les lois humaines où qu'ils soient et à instaurer le droit islamique».[311]

Sachant qu'il travaillait pour le MI5, on peut se demander si cette rhétorique ronflante est sincère, ou si elle fait partie de son travail d'agitateur. Il n'est pas évident de faire la différence entre les vrais agités et les faux, ceux qui sont dans la marmite et ceux qui la font bouillir.

On a même pu s'interroger sur l'authenticité de discours provocateurs de Ben Laden, qui surgissaient à des moments appropriés pour ses adversaires.

Au moment où, en février 2003, Colin Powell voulait convaincre l'ONU d'approuver une intervention américaine en Irak, la chaîne qatarie Al-Jazeera diffusa des extraits d'une interview d'Oussama Ben Laden.

Au moment où l'extrait choisi (...) a commencé à être diffusé, le porte-parole du Département d'Etat américain était prêt à intervenir en direct sur la chaîne qatarie et à déclarer : "Il est clair qu'il y a des liens et des contacts entre le régime irakien et Al Qaida".[312]

Cet événement montre qu'il existait des contacts entre Al-Jazeera et les Etats-Unis, qui furent dévoilés en 2011 par des câbles diplomatiques de Wikileaks (voir chapitre 11). [313]

A un autre moment opportun - à trois jours de l'élection présidentielle opposant George Bush à John Kerry (en novembre 2004) – Ben Laden intervint dans une vidéo où il annonçait : « les raisons demeurent pour la répétition de ce qui s'est passé. Je vous dis que la sécurité est un pilier important de la vie humaine… »[314]

---

[311] Communiqué de presse d'Al-Muhajiroun 17/10/2000, cité par Nafeez Mosaddeq Ahmed, *La Guerre contre la vérité,* 2006, p.135
[312] Lemonde.fr, 13/2/2003
[313] « After Disclosures by Wikileaks, Al Jazeera Replaces Its Top News Director", *New York Times,* 20/9/2011
[314] « Ben Laden réapparaît et envenime le duel entre Bush et Kerry », *Le Monde,* 31/10/2004

Un discours sécuritaire évoquant ceux de Bush, à tel point que Walter Cronkite, journaliste vedette de la télévision américaine, commenta – sans préciser s'il s'agissait d'une boutade : « J'ai tendance à penser que Karl Rove, le gestionnaire de la campagne politique à la Maison Blanche, qui est un homme très intelligent, a monté ça avec Ben Laden ».[315] On pourrait effectivement suspecter la patte d'un tel auteur dans les discours d'un personnage qui favorise à ce point son équipe…

De manière synchrone, Tom Ridge, secrétaire à la Sécurité intérieure, annonça qu'Al Qaida avait l'intention de perturber le processus démocratique de la campagne, tout en reconnaissant qu'il n'avait pas d'informations précises sur ces menaces (qui disparaîtront comme par enchantement après la réélection de Bush).[316]

Mais les discours incendiaires des chefs terroristes – même s'ils sont émis par des manipulateurs – sont pris au sérieux par une masse de manoeuvre prête à se faire tuer en leur nom.

De même, dans l'organigramme des services anti-terroristes, il peut y avoir des gens machiavéliques, mais la plupart des fonctionnaires sont des agents sincères, qui se montrent plus ou moins efficaces. Or on constate – et c'est un autre paradoxe – que les agents les plus efficaces ont été systématiquement punis, plutôt qu'encouragés et promus.

John O'Neill

Parmi les agents actifs, le plus remarquable fut John O'Neill, dont nous avons déjà évoqué le parcours. Numéro deux du FBI chargé de l'ensemble des enquêtes sur les actes terroristes d'Al Qaida, il a quitté le FBI en août 2001 pour

---

[315] "CNN LARRY KING LIVE, Ben Laden Releases New Videotape", diffusé le 29/10/2004
[316] Frank Rich, *The Greatest Story Ever Sold*, 2006, p.146

protester contre les obstructions à l'encontre des tentatives visant à prouver la culpabilité de Ben Laden.[317]

Il n'avait pas tort, puisqu'on se souvient qu'en janvier 2000, la CIA a caché au FBI que Khalid Almihdhar, un des futurs pirates de l'air, allait entrer aux Etats-Unis, « afin que John O'Neill ne soit pas au courant. »[318] Une autre obstruction à ses enquêtes est apparue lorsqu'en mai 2000, il organisa la perquisition en Grande-Bretagne du domicile du dirigeant d'Al Qaida Anas Al Liby. Au lieu de maintenir en détention ce dernier le temps nécessaire à l'examen de ses affaires - qui contenaient un important manuel d'instruction pour les terroristes -, la police britannique le libéra prématurément et il quitta le pays avec la complicité probable du service de contre-espionnage britannique, le MI5, avec lequel il travaillait.

Nous avons vu qu'après l'attentat contre le destroyer américain *USS Cole* dans le port d'Aden en octobre 2000, l'ambassadrice américaine au Yémen, Barbara Bodine – « ancienne officielle du contre-terrorisme »[319] – fit obstacle à la présence de John O'Neill et des enquêteurs du FBI. Fin novembre, elle les força à quitter le pays et O'Neill ne fut plus autorisé à y rentrer, alors que « le FBI avait en main tous les éléments permettant de mettre en cause les réseaux d'Oussama Ben Laden dans cet attentat ».[320] Le FBI a réduit son personnel au Yémen et dut quitter définitivement le pays en juin 2001, trois mois avant le 11 Septembre.[321] Or leur enquête aurait pu mener au futur pirate de l'air, Khalid Almihdhar - dont on avait déjà caché l'entrée aux Etats-Unis à O'Neill. Le premier ministre du Yémen de l'époque a révélé

---

[317] Marlowe Sara, "US Efforts to Make Peace Summed Up by Oil", *Irish Times*, 19/11/2001

[318] James Bamford, *A Pretext for War: 9/11, Iraq, and the Abuse of America's Intelligence Agencies*, 2004, p.224.

[319] Bergen, Peter L., *Holy War Inc., Inside the Secret World of Osama bin Laden*, 2001, p.190

[320] Brisard, Dasquié, p.23

[321] *www.pbs.org/wgbh/pages/frontline/shows/knew/john/timeline.html*

en effet que Khalid Almihdhar était impliqué dans l'attentat[322] et se trouvait à Aden à l'époque où il fut commis.[323]

En août 2001, le *New York Times* indiqua que John O'Neill faisait l'objet d'une enquête interne au sujet d'une mallette contenant des informations classifiées qu'il aurait déplacée[324] – et qui fut retrouvée quelques heures plus tard *sans avoir été ouverte*. La fuite sur cet événement insignifiant, survenu un an auparavant, portait un titre ronflant « Le FBI enquête sur un agent supérieur du contre-terrorisme », et saborda la candidature d'O'Neill au Conseil National de Sécurité, où fût mis en place un allié de Bush.[325] O'Neill prit sa retraite quelques jours plus tard, et accepta le poste de chef de la sécurité au World Trade Center, où il trouva la mort le 11 Septembre.

Certains ont essayé de réduire les difficultés de John O'Neill à des problèmes psychologiques : *il ne s'entendait pas avec l'ambassadrice Bodine, avec Richard Clarke, ni avec personne...*[326] Explication superficielle, car des enquêteurs de la CIA ont rencontré les mêmes obstructions dans d'autres enquêtes, comme celle concernant le Kenya.

Un an avant les attentats de 1998 à Nairobi (Kenya) et Dar Es Salam (Tanzanie), l'ambassadrice américaine au Kenya transmit au Département d'Etat un avertissement reçu par les officiers de la CIA basés à Nairobi d'un de leurs informateurs : une cellule d'Al Qaida se préparait à faire exploser l'ambassade américaine à Nairobi. Des diplomates américains de haut rang « voulaient que la CIA demande aux autorités

---

[322] Brian Whitaker, "Piecing together the terrorist jigsaw", Guardian, 15/10/2001

[323] John C. Miller, *The Cell: Inside the 9/11 Plot, and Why the FBI and CIA Failed to Stop It*, 2002, p.226

[324] "F.B.I. Is Investigating a Senior Counterterrorism Agent", *New York Times*, 19/08/2001.

[325] "THE COUNTER-TERRORIST *John O'Neill was an F.B.I. agent with an obsession: the growing threat of Al Qaeda*", New Yorker, 14/01/2002.

[326] « The Price of Failure », *Vanity Fair*, November 2004.

Kenyanes d'arrêter immédiatement les membres du groupe ». La police Kenyane procéda à l'arrestation de neuf Arabes et saisit les dossiers du groupe.

La CIA dépêcha une équipe d'experts en contre-terrorisme du quartier général de Langley (Virginie), à Nairobi pour y mener une enquête. Ces experts voulurent interroger les membres du groupe en prison. « Fait étrange, le chef de station de la CIA bloqua tout supplément d'enquête et refusa de demander aux Kenyans l'accès aux suspects », sous prétexte de protéger les relations des Etats-Unis avec le Kenya. « Plus étrange encore, au quartier général de la CIA, les autorités supérieures acquiescèrent. »[327] Tout se passa à nouveau comme si il ne fallait pas entraver les plans des terroristes.

Six mois plus tard, le 7 août 1998, une attaque à la voiture piégée contre l'ambassade de Nairobi, au Kenya, tua 213 personnes dont 12 Américains – y compris deux employés de la CIA –, blessa de 4 000 à 5 500 personnes et détruisit plusieurs grands immeubles situés dans le centre ville. L'ambassadeur américain, en réunion à l'extérieur, était indemne.[328] L'attaque contre l'ambassade à Dar el Salaam, en Tanzanie, le même jour et avec le même *modus operandi*, tua 11 Tanzaniens mais aucun américain, avec une charge explosive de 900 kg.

Robert Wright

Deux mois après ces attentats contre les ambassades américaines du Kenya et de Tanzanie, l'agent du FBI Robert Wright découvrit des indices qui semblaient lier le multimillionnaire saoudien Yassin al-Qadi à ces attentats. Wright menait, depuis 1997, à Chicago une enquête intitulée *Vulgar Betrayal* sur une cellule suspecte de terrorisme, liée à des collectes de fonds pour le Hamas. Il découvrit des preuves qu'al-

---

[327] Nafeez Mosaddeq Ahmed, *La Guerre contre la vérité*, 2006, p.77.
[328] Bergen, p.109.

Qadi et d'autres personnes sur lesquelles il enquêtait avaient contribué à financer les attentats contre les ambassades.

Wright demanda au quartier général du FBI la permission d'ouvrir une enquête sur ces mouvements de fonds, mais ceci lui fut refusé. Wright se rappelle : «le superviseur qui était venu du quartier général était face à moi et s'est mis à me crier dessus : « Vous n'ouvrirez pas d'enquête criminelle. Je vous l'interdis. Vous n'ouvrirez aucune enquête criminelle contre ces personnes surveillées ». Au lieu de cela, on lui dit de suivre les suspects et de faire des rapports, sans procéder à aucune arrestation.

Le procureur fédéral Mark Flessner, qui collaborait à l'enquête *Vulgar Betrayal*, affirmera plus tard qu'un dossier criminel solide existait contre al-Qadi et ses associés. Mais

> *« des pouvoirs supérieurs aux miens au Département de la Justice et au sein du FBI ne voulaient pas qu'un dossier criminel soit monté. Et cela n'a pas été fait… Je pense que de graves erreurs ont été commises. Et je pense que cela a coûté la vie à des gens à la fin. »*[329]

Le procureur suppose que des influences saoudiennes ont pu jouer un rôle. ABC News rapportait en 2002 que « selon des sources officielles américaines, al-Qadi a des relations personnelles et professionnelles avec la famille royale saoudienne. »[330] Wright affirmera plus tard que le quartier général du FBI a même essayé de clôturer l'enquête *Vulgar Betrayal* : « Heureusement, un agent spécial adjoint de Chicago a intercédé pour empêcher le quartier général de fermer l'Opération. »[331]

Lorsque Wright fera plus tard le récit des interférences avec l'enquête sur la connexion entre Al-Qadi et les attentats contre les ambassades, il conclura : « Le 11 Septembre est le

---

[329] "Called Off the Trail? FBI Agents Probing Terror Links Say They Were Told, 'Let Sleeping Dogs", *ABC News*, 19/12/2016.
[330] Dirty Dozen? The FBI May Have Dragged Its Feet on Investigating the Saudi Money Trail, *ABC News*, 26/11/2002.
[331] *Federal News Service*, 2/6/2003.

résultat direct de l'incompétence de l'Unité contre le terrorisme international du FBI ». Il lui sera interdit de dire ce qu'il
savait, mais il ajouta : « Il y a beaucoup plus, tellement
plus… »[332]

L'avocat de Robert Wright, David Schippers, affirme
qu'en mai 2001 il avait été prévenu d'un attentat imminent
dans le bas de Manhattan. Après avoir reçu des informations
plus précises d'agents du FBI du Minnesota, il tenta à nouveau de prévenir des politiciens en juillet 2001. Personne ne
voulait l'écouter : « On pensait que j'étais fou ». Fin août ses
sources du FBI confirmèrent encore *qu'une attaque était imminente dans le bas de Manhattan*[333].

Auparavant Robert Wright avait été brusquement retiré
de l'enquête *Vulgar Betrayal* sur le financement du terrorisme.
L'enquête s'arrêta quasiment à ce moment, et elle sera officiellement clôturée en août 2000. Wright fut mis à l'écart du
service de contre-terrorisme jusqu'en 2002.[334]

Le procureur Mark Flessner affirme que France Townsend, fonctionnaire du Département de la Justice contribua à
fermer l'enquête « en y faisant délibérément obstruction ».
Flessner quitta le Département de la Justice par dépit. Après
le 11 Septembre, France Townsend sera nommée conseillère
à la Sécurité Intérieure du Président Bush et directrice du
contre-terrorisme pour le Conseil National de Sécurité.[335]

Après sa mise à l'écart, Robert Wright continua à protester contre l'annulation de l'enquête sur les sources de financement du terrorisme. En mars 2001 le FBI ouvrit une enquête disciplinaire contre lui, l'accusant d'avoir fourni des informations classifiées à un procureur. Un de ses avocats re-
procha au procureur général adjoint de la Division criminelle
Michael Chertoff d'avoir refusé de prendre les préoccupa-

---

[332] "Called Off the Trail? FBI Agents Probing Terror Links Say They Were Told,
'Let Sleeping Dogs", *ABC News*, 19/12/2016.

[333] "MIDDLE EAST-OKC CONNECTION David Schippers tells Metcalf feds
'ignored' warnings of WTC attacks", *Worldnet daily*, 21/10/2001.

[334] « FBI Zeroes in on Hamas Fund Raising", *Associated Press*, 15/3/2002.

[335] "A Vulgar Betrayal", *LA Weekly*, 26/8/2004

tions de Wright au sérieux. Chertoff sera néanmoins promu plus tard chef du Département de la Sécurité intérieure.[336]

Après le 11 Septembre, son ancien superviseur interdit à Robert Wright de participer à l'enquête et de répondre aux appels téléphoniques du public. Ses avocats contactèrent un député, qui l'invita à venir à Washington pour présenter ses informations au Congrès, mais le FBI interdit à Wright de quitter Chicago. Un de ses deux avocats demanda à ce que Wright soit reçu par le procureur Général John Ashcroft. Michael Chertoff, devenu chef de la Division criminelle, refusa de recevoir Wright, répondant : "Nous en avons *assez des théories du complot*"[337], dévoilant ainsi ce que certains entendent par « théorie du complot », à savoir *une enquête gênante*.

Robert Wright a fait l'objet de six enquêtes disciplinaires, il a été rétrogradé et son livre a été interdit de publication jusqu'en 2009, moment où l'intérêt du public avait diminué. Entretemps le millionnaire saoudien Yassin al Qadi a été placé en octobre 2001 sur la liste des 39 terroristes globaux recherchés par les Etats-Unis[338], ce qui prouve que les dossiers de Wright étaient fondés. Le nom de Yassin al Qadi n'apparaît pourtant pas dans le rapport de la Commission sur le 11 Septembre, pas plus que celui de Robert Wright.

Coleen Rowley et « le 20ᵉ pirate »

En août 2001, un instructeur de l'école de pilotage de la Pan Am de la région de Minneapolis avertit le bureau local du FBI qu'un élève étranger avait un comportement suspect. Il voulait piloter un jet commercial, sans apprendre à décoller ni à atterrir.

Zacarias Moussaoui, surnommé le 20ᵉ pirate du 11 Septembre, est arrêté le 16 août, parce qu'il se trouve illégalement

---

[336] "Whistleblower Complains of FBI Obstruction", *Fox News*, 30/5/2002.
[337] FEDERAL NEWS SERVICE, 5/30/2002; FEDERAL NEWS SERVICE, 6/2/2003
[338] *www.theforbiddenknowledge.com/hardtruth/39_terrorist_orginizations.ht m*

aux Etats-Unis. Le FBI confisque ses affaires, y compris un ordinateur portable, mais Moussaoui refuse que ses affaires soient fouillées. Le bureau du FBI de Minneapolis demande au quartier général du FBI un mandat lui permettant d'examiner l'ordinateur et le téléphone de Moussaoui. Cela leur est refusé, sous divers prétextes bureaucratiques.

Des informations fournies par les services de renseignement français indiquant que Moussaoui a des liens avec le terrorisme international sont même effacées du dossier.[339] Un jour avant le 11 Septembre, un agent du FBI qui tente désespérément d'obtenir un mandat de perquisition pour l'appartement de Moussaoui qui est détenu à ce moment, reçoit une réponse désinvolte de la section des opérations terroristes internationales : « le FBI n'a pas de chien dans cette course »[340], autrement dit aucun intérêt. L'ordinateur de Moussaoui sera examiné après le 11 Septembre[341] : il contenait des informations liées à *onze des dix-neuf pirates de l'air.*

Parmi les responsables du FBI qui bloquèrent la demande d'examen de l'ordinateur de Moussaoui, on retrouve curieusement Tom Wilshire – agent de la CIA détaché à ce moment auprès du FBI – le même qui avait bloqué l'information sur l'entrée de Khalid Almihdhar aux Etats-Unis en janvier 2000 (voir chapitre 6).[342]

Dans une lettre adressée au Congrès en mai 2002, Coleen Rowley, agent du FBI, écrivit : « Nos supérieurs agissaient de manière si étrange que certains agents du bureau de Minneapolis ironisaient en disant qu'ils devaient être des taupes travaillant pour Ben Laden ». Elle accusait aussi le nouveau directeur Robert S. Mueller III (du 4 septembre

---

[339] William Safire, "The Rowley Memo", *New York Times*, 27/5/2002.

[340] Foiled Again, "Enemies: A History of the FBI" by Tim Weiner, *New York Times*, 30/3/2012

[341] "FBI Limited Inquiry of Man Now a Suspect in the Attacks", *New York Times*, 6/10/2001.

[342] Kevin Fenton, *Disconnecting the Dots* , pp.289-306

2001 au 4 septembre 2013) de couvrir le FBI après le 11 Septembre au sujet de Moussaoui.[343]

La semaine où Coleen Rowley lançait ses accusations, une série de rumeurs furent annoncées, comme pour distraire le public. Cheney annonça qu'il était « presque certain » que d'autres attaques étaient en route, et le directeur du FBI prédit que des attaques suicides étaient inévitables et pourraient viser la statue de la liberté et le pont de Brooklyn. Rumsfeld ajouta que les terroristes obtiendraient « inévitablement » des armes de destruction massives de la part d'états voyous, surtout l'Irak.[344]

Dans son témoignage devant le Sénat en juin 2002, le même jour que Coleen Rowley, Robert S. Mueller promit, magnanime, que Rowley ne serait « pas punie pour avoir parlé » et admit que certaines de ses affirmations étaient correctes.[345] Le seul fait d'envisager de *punir* celle qui aurait pu empêcher le 11 Septembre si elle avait été écoutée en dit long sur l'étrange attitude de la direction du FBI. C'est une façon de reconnaître que Coleen Rowley aurait été punie, si elle n'avait pas été aussi médiatique. Elle a quitté le FBI peu après.

Dans la même lignée, il est remarquable que la commission d'enquête sur le 11 Septembre – dont le travail s'étend de novembre 2002 à juillet 2004 - n'ait jamais convoqué Coleen Rowley et que le Rapport n'accorde qu'une mention indirecte dans une note de bas de page[346] à celle que le *Time Magazine* reconnaissait comme « personnalité de l'année 2002 », en tant que lanceuse d'alerte.

Kenneth Williams et la cellule islamiste de Phoenix

Coleen Rowley ne fut pas la seule lanceuse d'alerte. Kenneth Williams, agent du FBI de Phoenix en Arizona, en-

---

[343] "Coleen Rowley's Memo to FBI Director Robert Mueller, An edited version of the agent's 13-page letter", *Time*, 21/5/2002.
[344] Frank Rich, *The Greatest Story Ever Sold*, p.48
[345] *CNN*, 6/6/2002
[346] Page 540: http://govinfo.library.unt.edu/911/report/911Report.pdf

voya le 10 juillet 2001 un mémorandum au sujet d'un complot terroriste potentiel impliquant des Arabes suivant des cours de pilotage.[347] Son rapport envisageait la possibilité que Ben Laden se trouve derrière ce complot. Il n'a suscité aucune réaction du quartier général.[348]

Et pourtant le FBI était informé de l'existence de cette cellule islamiste de Phoenix depuis 1998[349] par Aukai Collins, un musulman qui avait combattu avec les moudjahidines en Tchétchénie, avant de devenir informateur de la CIA puis du FBI.[350] Le FBI reconnait avoir payé Aukai Collins pour surveiller la communauté arabo-musulmane de Phoenix de 1996 à 1999. Il travaillait aussi comme informateur à l'étranger et on lui proposa de rencontrer Ben Laden, proposition qui ne fut pas retenue par ses officiers traitants.[351]

Collins fréquentait Hani Hanjour, un des pirates du Boeing qui s'est écrasé sur le Pentagone. Il travailla un moment pour l'agent du FBI Kenneth Williams, avant de se disputer avec lui. On ignore s'il a parlé à Williams d'Hani Hanjour avant leur rupture.[352] Le mémo de Kenneth Williams était centré sur un autre élève pilote libanais de Phoenix, Zacaria Soubra, dont le sheik Omar Bakri (de la mosquée de Finsbury Park à Londres) a reconnu qu'il dirigeait la branche d'Al-Muhajiroun en Arizona, chargée de recruter des terroristes pour Al Qaida.

Le rapport de la Commission sur le 11 Septembre est aussi discret sur Kenneth Williams que sur Coleen Rowley,

---

[347] « Anti-US Views at Pilot Schools Prompted Agent's Alert", *New York Times*, 22/5/2002

[348] « Pre-Attck Memo Cited Ben Laden", *New York Times*, 15/5/2002

[349] « FBI Told of Hanjour Three Years Before Sept 11, Self-Proclaimed Informant Says", *Associated Press*, 24/5/2002

[350] Aukai Collins, *My Jihad: One American's Journey Through the World of Usama Ben Laden--as a Covert Operative for the American Government*, 2003

[351] "FBI Was Warned of Sept. 11 Hijacker"Informant Says He Provided Facts About Phoenix Hijacker, *ABC News*, 23/5/2002.

[352] « Despite FBI Memos, Students in Phoenix Went Unchecked", *New York Times*, 24/5/2002

puisque son nom n'apparaît que dans une note en bas de page.[353]

Procès de Moussaoui

En juin 2002, au moment où Coleen Rowley apparut comme témoin vedette d'une audience télévisée du Sénat, on évoqua le fait que l'ordinateur de Zaccharias Moussaoui contenait des informations concernant la dispersion d'insecticides sur des champs et des simulations de vols. On sait aujourd'hui que c'était une version édulcorée de la réalité, puisque la déposition d'Aaron Zebley, ex-agent du FBI, au procès de Moussaoui révéla en 2006 que les données de son ordinateur et de son téléphone le reliaient à onze des dix-neuf pirates de l'air[354] – ce qui aurait sans doute permis d'empêcher les attaques du 11 Septembre.[355]

En juillet 2002, Moussaoui exprima le désir de donner des informations aux autorités américaines, mais cette demande fut rejetée par le Département de la Justice. Coleen Rowley proposa d'interroger Moussaoui elle-même, mais Michaël Chertoff, Procureur Général adjoint, et Robert Mueller, directeur du FBI, refusèrent. Michaël Chertoff, un des principaux architectes de la stratégie de Guerre à la Terreur de l'administration Bush – l'homme qui *en avait assez* des théories du complot – supervisait l'accusation contre Moussaoui.[356]

Plus récemment, en 2015, Moussaoui - enfermé à vie au Colorado – a écrit au juge Daniels de New York, qui dirige un procès intenté par des familles de victimes contre l'Arabie saoudite, accusée d'avoir financé les terroristes. Il a envoyé un

---

[353] Page 540: *http://govinfo.library.unt.edu/911/report/911Report.pdf*

[354] "Un ex-agent du FBI assure que Moussaoui pouvait conduire aux kamikazes du 11 Septembre », LEMONDEFR, 23/6/2006

[355] US DISTRICT COURT FOR THE EASTERN DISTRICT OF VIRGINIA, ALEXANDRIA DIVISION, 7/31/2006 United States v. Zacarias Moussaoui, Criminal No. 01-455-A, Prosecution Trial Exhibits n° OG00011, Presentation for Aaron Zebley.

[356] Coleen Rowley, "Tenet's Moment of Truth or Just More Sellout?", *Hufftington Post*, 2/5/2007

témoignage de cent pages, où il décrit comment il a rencontré le prince Salman et d'autres membres de la famille royale saoudienne, auxquels il aurait remis des lettres d'Oussama Ben Laden. Chargé d'établir une base de données des donateurs de fonds d'Al Qaida, il se souvient notamment du Prince Bandar Bin Sultan, ambassadeur d'Arabie saoudite aux Etats-Unis – qui finançait Omar Al Bayoumi, mentor des deux pirates de l'avion du Pentagone, Nawaf Alhazmi et Khalid Almihdhar.

Able Danger

A toutes ces rebuffades, il faut ajouter la manière dont fut liquidé le programme Able Danger, qui avait identifié « deux des trois cellules qui ont réalisé le 11 Septembre »[357] y compris Mohammed Atta.

Le lieutenant colonel Anthony Shaffer était l'agent de liaison de la DIA (Defense Intelligence Agency) avec l'opération Able Danger. En octobre 2000 – après la fermeture du programme – il proposa au sous-directeur de la DIA une disquette contenant des informations sur Al Qaida (y compris sur Mohamed Atta) : le fonctionnaire la refusa.[358]

En octobre 2003 en Afghanistan, il eut l'occasion de rencontrer par hasard Philip Zelikow, directeur exécutif de la Commission sur le 11 Septembre. La Commission n'avait jamais entendu parler d'Able Danger. Zelikow promit de rappeler le lieutenant colonel quand il serait à Washington, ce qu'il ne fit pas. Lorsque Shaffer rappela son bureau en janvier 2004, on lui répondit : « nous avons décidé que nous n'avions pas besoin de vous parler »… Il était clair que la direction de la DIA et la Commission continuaient à étouffer l'affaire.

De retour en Afghanistan, Shaffer apprit que les dossiers

---

[357] "Inside Able Danger: The Secret Birth, Extraordinary Life and Untimely death of a U.S. Military Intelligence Program", *Government Security News*, August 23, 2005, cité par Peter Lance, Triple Cross, p.392
[358] *Complete 911 Timeline*, Historycommons

sur Able Danger, avec les organigrammes d'Al Qaida, avaient été retirés de son bureau et détruits.[359] Lorsqu'il revint aux Etats-Unis, son accès aux documents secrets avait été suspendue.

En septembre 2005, après les révélations du New York Times, le Comité judiciaire du Sénat a voulu organiser une audition publique sur le programme Abel Danger. Le Comité souhaitait entendre sept anciens membres du programme. La veille de leur audition, les avocats du département de la Défense leur ont interdit de comparaître. Le lieutenant colonel Shaffer déclara dans une interview : « J'ai appris par deux fonctionnaires du département de la Défense que l'ordre venait de Donald Rumsfeld ».[360]

Le député républicain Curt Weldon considère que l'étouffement de l'affaire Able Danger représente un scandale bien plus important que le Watergate : « 3.000 personnes sont mortes, et la Commission sur le 11 Septembre a délibérément écarté l'affaire de son rapport ».[361]

Trois membres d'Able Danger ont finalement pu témoigner publiquement lors d'une autre audition du Congrès en février 2006. Tous trois affirment que les attaques du 11 Septembre auraient pu être évitées si les agences de sécurité avaient réagi aux informations qu'ils avaient découvert sur Al Qaida.[362]

L'affaire Able Danger, ainsi que le parcours des agents du FBI John O'Neill (New York), Robert Wright (Chicago), Coleen Rowley (Minneapolis) et Kenneth Williams (Phoenix) avant et après 2001, dévoilent le même mécanisme : ceux qui cherchent la vérité sont écartés par leurs supérieurs, et ceux

---

[359] Peter Lance, idem, p. 391-394

[360] "Intelligence team members ordered silent in 9/11 probe", *The Washington Times, 20/9/2005*

[361] Leslie Krowcheno, "Weldon rips 9/11 commission over intelligence failures", Times, 30/11/2005

[362] *Complete 911 Timeline*, Historycommons

qui les bloquent sont promus.

L'incapacité à empêcher les attaques du 11 Septembre —
la « faille des renseignements la plus importante depuis le
cheval de Troie »[363] — relèverait-elle d'une intention secrète
plutôt que d'une accumulation d'erreurs aléatoires? Serait-ce
une clé pour comprendre la certitude étrange d'un des auteurs
de l'attentat contre l'ambassade américaine au Kenya en
1998?

*« Nous avons un plan pour attaquer les Etats-Unis, mais nous ne
sommes pas encore prêts. Nous devons vous frapper en plusieurs endroits
en dehors du pays de façon à ce que vous ne voyiez pas ce qui se passe à
l'intérieur. La grande attaque approche.* Vous ne pourrez rien faire
pour l'arrêter »[364]

---

363 Peter Lance, 1000 Years for Revenge, 2003, p.4
364 Lawrence Wright, *The Looming Tower: Al-Qaeda and the Road to 9/11*,
2006, pp.278-279 [c'est moi qui souligne]

10 POUVOIR PROFOND

Les enquêteurs de la CIA et du FBI ont été bloqués par leurs supérieurs chaque fois qu'ils découvraient l'implication de Saoudiens. Par la suite, ces derniers ont été protégés par l'occultation partielle du chapitre du rapport du Sénat, concernant leur implication dans les attaques du 11 Septembre.

Il serait pourtant naïf de croire que l'Arabie saoudite domine la politique des Etats-Unis, et plus naïf encore de penser qu'elle contrôle leurs services secrets. La collaboration avec les Saoudiens est une stratégie des services américains, appliquée dans l'Opération Cyclone visant à combattre les Soviétiques en Afghanistan de 1979 à 1989 - comme dans les autres activités du Safari Club, fondé en 1976 (voir chapitres 6 et 12).

Pour que l'action des services secrets américains en Afghanistan n'apparaisse pas au grand jour, ils ont fait sous-traiter leur soutien au moudjahidines et aux Talibans par les services secrets pakistanais (ISI) et saoudiens (qui co-finançaient l'opération). Le Saoudien Oussama Ben Laden servait de paravent - dissimulant le soutien américain aux combattants islamiques. A-t-il servi plus tard à justifier l'invasion américaine de l'Afghanistan ?

Les opérations secrètes des services américains peuvent se dérouler à l'insu du Sénat et de la Chambre, mais aussi à l'insu d'une partie du gouvernement. Cyrus Vance, secrétaire d'État (Affaires étrangères) dans l'administration Carter depuis 1977 (considéré comme une colombe) en conflit permanent avec le conseiller à la sécurité nationale Zbigniew Brzezinski (un faucon), n'était pas au courant du programme afghan (L'Opération Cyclone, restée secrète jusqu'en 1997). Il démissionna d'ailleurs en avril 1980 à la suite d'une autre expédition militaire secrète organisée pour libérer les otages américains en Iran sans qu'il en soit informé, opération qui échoua lamentablement.

Cette culture du secret semble avoir atteint son apogée lors du premier mandat de George Bush. L'ancien directeur de cabinet du secrétaire d'Etat Colin Powell, Lawrence B. Wilkinson, écrit que :

> *Certaines décisions parmi les plus importantes concernant la sécurité nationale des Etats-Unis… furent prises par une cabale discrète et peu connue. Elle était composée d'un petit groupe de personnes dirigées par le Vice-président Dick Cheney et le Secrétaire à la Défense Donald Rumsfeld… Ses travaux isolés et secrets étaient efficaces et rapides — ressemblant à un processus de décision qu'on associerait plutôt à une dictature qu'à une démocratie.*[365]

Cette « dictature » avait ceci de particulier que « le Président Bush abandonnait la plupart des décisions critiques à son Vice-président et à son secrétaire à la Défense ».[366]

L'Etat profond

Le fonctionnement du cabinet Bush illustre parfaitement la notion d'Etat profond, développée par l'analyste politique Peter Dale Scott. Il s'agit du « contrôle direct ou indirect de certaines activités spécifiques au gouvernement par le percentile du sommet ». C'est un « pouvoir vertical ou fermé, à l'opposé du pouvoir transparent de l'Etat (public) ou *res publica* qui représente le peuple dans son ensemble ».

---

[365] Lawrence B. Wilkerson, "The White House Cabal", *Los Angeles Times*, 25/10/2005
[366] Idem

Selon Peter Dale Scott :

La paranoïa bureaucratique au sein de l'Etat profond des Etats-Unis, non régulée par les institutions étatiques, contribua, des années auparavant, à créer Al Qaida puis à créer une situation dans laquelle presque inévitablement, des éléments d'Al Qaida ont fini par se retourner contre les Etats-Unis… Les pouvoirs secrets verticaux sont devenus une menace majeure pour la démocratie.[367]

Certains trouveront peut-être que cette vision de la société américaine est elle-même paranoïaque. Cependant, n'éclaire-t-elle pas les mécanismes que nous avons vus à l'oeuvre au sein de la CIA et du FBI ? Des enquêteurs zélés, comme John O'Neill, Robert Wright ou Coleen Rowley, ont été bloqués dans leur carrière, tandis que ceux qui les empêchaient de découvrir les auteurs des attaques du 11 Septembre ont été promus aux plus hauts niveaux de l'Etat, comme Michaël Chertoff ou France Townsend.

La présente analyse des événements du 11 Septembre n'est pas assez extensive pour déceler *tous* ceux qui ont pu jouer un rôle trouble, d'autant plus que dans le domaine des services secrets, seule une partie des événements apparaît progressivement au grand jour. Trois cas illustrent cependant la manière dont l'Etat profond a perverti l'Etat public.

Richard Clarke « pas dans le coup »

Richard Clarke était le « tsar du contre-terrorisme » pendant plus de dix ans, de 1992 à 2003, sous trois Présidents : Ronald Reagan, Bill Clinton et George W. Bush. La durée et l'importance de son pouvoir donnent à penser que rien de ce qui touchait au terrorisme aux Etats-Unis n'aurait dû lui échapper. Il révélera pourtant lui-même avoir été trompé par l'administration Bush.

---

[367] Peter Dale Scott, *La Route vers le Nouveau Désordre Mondial*, Editions Demi-Lune, 2013, pp.30-32

La CIA a dissimulé à Clarke la présence de deux des futurs pirates de l'air aux Etats-Unis pendant plus d'un an avant le 11 Septembre, et Clarke considère George Tenet, directeur de la CIA (de 1996 à 2004), comme responsable du blocage de cette information capitale.[368] Souvenons-nous *qu'une semaine* avant le 11 Septembre, George Tenet mit son veto à un plan minutieusement préparé d'élimination d'Oussama Ben Laden par un drone Predator.

La seule explication que Richard Clarke ait pu trouver *a posteriori*, pour justifier la protection des pirates de l'air par la CIA, est que celle-ci cherchait à les recruter comme informateurs.[369] Explication qui n'est pas logique car, dans ce cas, ils auraient été surveillés de près et n'auraient pas pu réaliser les attaques du 11 Septembre – *sauf si l'objectif n'était pas de les en empêcher.*

Après avoir démissionné de l'administration Bush, Richard Clarke écrivit[370] et déclara en 2004 que Bush avait négligé de nombreuses alertes concernant Al Qaida et cherchait des excuses pour attaquer l'Irak. Dick Cheney rétorqua que Clarke n'était « pas au courant des grandes décisions », et qu'il « aurait sans doute désiré une position plus importante ».[371] L'expression utilisée par Cheney était *« not in the loop »* (pas dans le coup). Nous avons vu en effet (chapitre 6) que Clarke était privé des informations les plus sensibles de la CIA du FBI et de la NSA.

Cette remarque cynique de Dick Cheney illustre le fonctionnement de l'Etat profond. On se demande en effet quelle *position plus importante* en matière de contre-terrorisme aurait pu souhaiter Richard Clarke. Si Clarke a été trompé, c'est que le pouvoir ne se trouvait pas là où il était censé être. Nous allons voir que Colin Powell et Condoleezza Rice furent éga-

---

[368] Interview de Richard Clarke diffusée en 2011 : www.youtube.com/watch?v=bl6w1YaZdf8
[369] Fifteen Years Later, *Fordham Law News*, 28/04/2016
[370] Richard Clarke, *Against All Ennemies : Inside America's War on Terror*, 2004
[371] « Bush administration rejects Clarke charges. Rumsfeld to testify before 9/11 panel Tuesday", CNN, 6/5/2004.

lement trompés sur de questions essentielles. Il faut donc se demander qui dirigeait réellement les Etats-Unis.

Colin Powell trompé par la CIA

Colin Powell, secrétaire d'Etat américain prononça en 2003 à l'ONU un discours sur les armes de destruction massive en Irak. Les « preuves » qu'il avançait se sont révélées pour la plupart fausses. Dans une interview donnée lors de la publication de la traduction française de son livre en 2013[372], il déclare :

« Le Président Bush m'a demandé de présenter nos preuves à l'ONU à partir d'un texte rédigé par un conseiller du Vice-président Cheney. Or, quand j'ai demandé aux services de renseignement des éléments concrets pour étayer certaines parties de ce document, ils m'ont répondu qu'ils n'avaient jamais vu ces informations-là... Je suis allé au siège de la CIA, et grâce aux informations fournies par son patron, George Tenet, j'ai pu bâtir le discours. »

« Le bureau de Cheney insistait pour que je parle des liens supposés entre Saddam Hussein et Al Qaida, que le Vice-président avait souvent évoqués. Mais, comme les éléments n'étaient pas probants, je ne l'ai pas fait. J'ai également très peu parlé du programme nucléaire. »

« Dix ans plus tard, Tenet n'a toujours pas reconnu que [ces informations] étaient fausses ! Pas une fois, il n'a expliqué pourquoi ses services avaient écrit, par exemple, que Saddam Hussein avait des centaines de tonnes d'armes chimiques, "dont la plupart avaient été fabriquées l'année passée", alors qu'il n'en possédait pas un gramme ! »[373]

Colin Powell, considéré comme une colombe de l'administration Bush, fût plutôt pigeon ; il estime lui-même que ce discours à l'ONU restera « une tache » dans sa carrière. On peut même dire que ce fut la fin de la carrière d'un

---

[372] Colin Powell, *J'ai eu de la chance*, Odile Jacob, 2013.
[373] « EXCLUSIF. Colin Powell : comment la CIA m'a trompé », *Nouvelobs.com*, 3/3/2013.

homme qui aurait pu, aussi bien qu'Obama, être candidat aux élections présidentielles.

Le « bureau de Cheney » dont parle Colin Powell était *l'Office of Special Plans*, créé après le 11 Septembre par Cheney et dirigé par Paul Wolfowitz et Douglas Feith pour contourner la CIA, pas assez arrangeante concernant la menace qu'était supposé représenter Saddam Hussein.[374] On voit comment le Vice-président Dick Cheney, avec la complicité du directeur de la CIA George Tenet, a trompé le secrétaire d'Etat américain, afin que l'ONU approuve l'intervention américaine en Irak. Ceci montre à nouveau comment l'Etat profond se joue de l'Etat public et des instances internationales.

Des documents déclassifiés en 2010, au nom de la liberté d'information (*Freedom of Information Request*) montrent que George W. Bush s'est attelé à trouver comment renverser le régime de Saddam Hussein et comment justifier une guerre en Irak dès son entrée à la Maison Blanche en janvier 2001 (comme l'avait pressenti Hubert Védrine).

Quelques heures après les attentats du 11 Septembre 2001, le secrétaire à la Défense d'alors, Donald Rumsfeld, a évoqué une attaque de l'Irak en même temps que la traque d'Oussama Ben Laden, selon les minutes d'une réunion tenue à cette époque.

Donald Rumsfeld a ordonné à un avocat du Pentagone de se consacrer avec un adjoint à trouver "un fondement" à un lien supposé entre le régime irakien et le chef d'Al Qaida, selon les documents publiés par le National Security Archive, un institut de recherche indépendant[375].

Tout ceci dévoile la stratégie de la « cabale de la Maison Blanche », dont le Secrétaire d'Etat Colin Powell lui-même ne

---

[374] Steve Perry, "The CIA Leak Investigation: Bigger Fish, Deeper Water", *Minneapolis/St. Paul City Pages*, November 2, 2005
[375] « L'administration Bush visait l'Irak depuis le début », *Nouveobs.com*, 26/9/2010

semblait pas informé, et qui n'a jamais été reconnue par la suite.

Condoleezza Rice humiliée par Rumsfeld

Une série d'incidents à la Maison Blanche révèlent à la fois le travail occulte de Cheney et Rumsfeld au sein du gouvernement et leur stratégie d'obstruction systématique aux enquêtes et aux procès relatifs au 11 Septembre.

Condoleezza Rice, conseillère nationale à la sécurité, s'opposa en novembre 2001 à la signature par le Président Bush d'un ordre de création de tribunaux militaires pour juger les prisonniers de Guantanamo, préparé à son insu par Dick Cheney. Elle mit sa démission en balance et George Bush fit marche arrière. Ces tribunaux furent finalement instaurés en 2006 par ordre présidentiel.[376]

En 2004, Dick Cheney et Donald Rumsfeld faisaient tout pour retarder la mise en place de vrais tribunaux destinés à juger les terroristes. « Rumsfeld s'opposait à ce que l'on place ces prisonniers dans un cadre légal quelconque ».[377] Condoleezza Rice estimait que les suspects terroristes ne pouvaient pas « disparaître » comme dans les Etats autoritaires. Rumsfeld refusa deux fois de participer à des réunions organisées par Rice à ce sujet, et Condoleezza Rice éclata en larmes le jour où George Tenet quitta la deuxième réunion en la défiant.

Une confrontation intense se déroula également lorsqu'en août 2006 Condoleezza Rice poussa Bush à reconnaître la détention depuis 2003 de Khalid Sheik Mohamed (principal suspect des attentats du 11 Septembre), ainsi que d'autres prisonniers dans des prisons secrètes situées à l'étranger. Après

---

[376] *https://en.wikipedia.org/wiki/Guantanamo_military_commission*
[377] Andrew Cockburn, *Rumsfeld, his Rise, Fall and Catastrophic Legacy*, 2007, p.135

un affrontement entre Mme Rice et Cheney, le Président Bush accepta de transférer les prisonniers à Guantanamo.[378]

A noter que Khalid Sheikh Mohamed, qui – après 183 séances de *waterboarding* (simulation de noyade)[379] – aurait avoué être « responsable de A à Z des opérations du 11 Septembre»[380], ainsi que de 28 autres attentats ou projets, y compris des tentatives d'assassinat des Présidents Carter, Clinton et du Pape[381], est toujours détenu à Guantanamo sans jugement, 16 ans après les faits. Aucun journaliste n'a pu l'entendre, pas plus que les membres de la Commission sur le 11 Septembre.[382] [383]

Cheney, Rumsfeld et l'Etat profond

Ces agissements d'une sorte de gouvernement au sein du gouvernement amènent à s'intéresser de plus près à la carrière et à la personnalité de Dick Cheney et Donald Rumsfeld. Bien qu'ils aient travaillé de nombreuses années dans le secteur privé, ces deux hommes ont joué pendant 20 ans un rôle profond dans le gouvernement des Etats-Unis.

Donald Rumsfeld fut nommé secrétaire à la Défense par le Président Gerald Ford en 1975, tandis que son jeune protégé Dick Cheney devenait directeur de cabinet à la Maison Blanche. Après la fin de la présidence de Ford en 1977, Rumsfeld travailla quinze ans dans le privé, notamment comme président de sociétés pharmaceutiques.

---

[378] « Donald Rumsfeld made Condoleezza Rice cry in the White House", *Telegraph*, 20/9/2008; "In Memoir, Rice Tells of Clashes With Cheney", *New York Times, 22/10/2011*

[379] Portrait of 9/11 "Jackal" Emerges as He Awaits Trial, *New York Times*, 15/11/2009

[380] Les aveux du cerveau du 11 septembre, *Libre Belgique*, 16/3/2007

[381] Suspected Leader of 9/11 Attacks Is Said to Confess, *New York Times*, 15/3/2007

[382] Fenton, p.166

[383] En 2017, il reste 41 détenus à Guantanamo, dont cinq sont accusés d'avoir orchestré les attaques du 11 Septembre, mais aucune date n'est prévue pour leur procès devant le tribunal militaire de Guantanamo, *The Times*, 22/2/2017

Cheney fut, de 1995 à son entrée au gouvernement Bush, PDG d'Halliburton, multinationale spécialisée dans les services à l'industrie pétrolière et gazière qui, après 2003, obtint des contrats pour 11 milliards de dollars avec les forces américaines en Irak. Contrats obtenus grâce à Dick Cheney sans appel d'offres.[384] De plus, un audit du ministère de la défense américaine a découvert des surfacturations d'Halliburton dépassant un milliard de dollars.[385]

En même temps, Dick Cheney et Donald Rumsfeld participaient depuis les années 1980, à une structure parallèle de planification d'urgence nationale aux Etats-Unis, une sorte de « gouvernement secret ».

> *L'objectif formel de cette structure était la "continuité du gouvernement" (COG pour Continuity of Government) (...) .Les plans de ce que le journaliste James Bamford a appelé le " gouvernement secret" de la COG se sont développés principalement, mais pas exclusivement, sous les administrations Républicaines depuis les années 1950* [386] [387].

La planification des situations d'urgence politique se développa surtout sous le Président Reagan, où leur budget atteignit 1 milliard de dollars par an.[388] « Certaines des procédures au plus haut niveau concernant le COG furent orchestrée par un groupe extra-gouvernemental parallèle » incluant Donald Rumsfeld et Dick Cheney. La responsabilité globale de ce programme fut assignée au Vice-président George Bush senior, avec l'aide du lieutenant-colonel Oliver North. « Certains officiels américains menaient furtivement des exercices de planification destinés à maintenir un gouvernement

---

[384] « The Paper Trail », *Time*, 30/5/2004

[385] « Les surfacturations de Halliburton en Irak dépasseraient largement un milliard de dollars », *Lemonde.fr*, 28/6/2005

[386] Peter Dale Scott, *La Route vers le Nouveau Désordre Mondial*, Editions Demi-Lune, 2013, p.257

[387] Bamford, James. *A Pretext for War: 9/11, Iraq, and the Abuse of America's Intelligence Agencies*, Doubleday, New York 2004, pp 70-72

[388] Cockburn, Andrew Cockburn, *Rumsfeld, His Rise, Fall and Catastrophic Legacy*, 2007, p.85

fédéral, pendant et après une guerre nucléaire avec l'Union soviétique ».[389] Andrew Cockburn écrit :

> *Sous l'ère Clinton les exercices continuèrent, avec un budget annuel de plus de 200 millions de dollars. Les Soviétiques disparus furent alors remplacés par des terroristes (…) Dans les bunkers, Rumsfeld se retrouvait en sympathique compagnie politique, la liste des 'joueurs' étant presque exclusivement constituée de faucons Républicains. "C'était un moyen pour ces gens de rester en contact. Ils se rencontraient, faisaient l'exercice, puis ils tiraient à boulets rouges sur l'administration Clinton, de la manière la plus extrême" me révéla un ancien officiel du Pentagone ayant eu une connaissance directe de ce phénomène. "On pourrait parler d'un gouvernement secret attendant son tour. L'administration Clinton fut extrêmement indifférente à cela, ils n'avaient aucune idée de ce qui s'y déroulait".[390]*

Ces jeux de guerre amènent à se demander jusqu'où ces conspirateurs officiels ont pu aller. D'autant plus que les plans de la COG ont été mis en oeuvre le 11 Septembre, comme nous l'apprend incidemment le rapport de la Commission sur le 11 Septembre, « sans approfondir cette question… ».[391]

Une question pourtant pas négligeable, puisque le Patriot Act (*Providing Appropriate Tools Required to Intercept and Obstruct-Terrorism*) émane probablement du COG. Ce texte législatif de 342 pages, sorti des tiroirs de la Maison Blanche immédiatement après le 11 Septembre, réduit certaines libertés fondamentales, et renforce le pouvoir des agences de renseignement. Il a été adopté par le Congrès *sans débat*, et sans même avoir été mis à la disposition de ses membres avant le vote.[392]

Le procureur général John Ashcroft insistait pour que le Congrès vote ce texte *dans les trois jours*, sans quoi il pourrait

---

[389] Scott, idem, p.260

[390] Andrew Cockburn, *Rumsfeld, His Rise, Fall and Catastrophic Legacy*, 2007, p.88 ; cité dans Scott, p.261

[391] *The 9/11 Commission Report*, p.38, 326 et 555.

[392] "Anti-Terrorism Bill NOT Available For House Review Before Vote!", *Washington Times Insight Magazine*, 10/11/2001

être tenu pour responsable de toute nouvelle attaque terroriste.[393] Qui aurait osé ne pas se montrer « patriote » ? Surtout après que deux sénateurs – qui avaient initialement remis la loi en question – furent calmés par les courriers piégés à l'anthrax qu'ils reçurent[394] : 31 personnes furent contaminées[395] et les bureaux du Congrès évacués. En 2008, on a découvert que ces bacilles d'anthrax provenaient du laboratoire militaire de Fort Detrick, Maryland, le laboratoire qui prétendait en 2001 que l'anthrax provenait des armes biologiques (imaginaires) de Saddam Hussein.[396]

---

[393] Rachel Meeropol Ed., *America's Disappeared, Secret imprisonment and the 'war on terror'*, New York 2005, p.15

[394] *Time*, 26/11/2001

[395] A NATION CHALLENGED: THE ANTHRAX THREAT; TESTS SHOW ANTHRAX EXPOSURE IN AT LEAST 30 CAPITAL WORKERS, *New York Times*, 18/10/2011

[396] Glenn Greenwald, "Vital unresolved anthrax questions and ABC News: A top U.S. government scientist, suspected of the anthrax attacks, commits suicide. ABC News knows who is responsible for false reports blaming those attacks on Iraq, but refuses to say", *Salon*, 1/8/2008.

11 COMMENT DÉCLENCHER UNE GUERRE

Et s'il appartient à d'autres de mentir, c'est aux chefs de la cité, pour tromper, dans l'intérêt de la cité, les ennemis ou les citoyens ; à toute autre personne le mensonge est interdit.
Platon, *La République*

L'invasion de l'Afghanistan et de l'Irak montre qu'après le 11 Septembre, un groupe de faucons a orienté la politique américaine dans la direction où ils souhaitaient l'amener depuis longtemps. Pour comprendre leurs motifs, on peut écouter Alan Greenspan, ancien président de la banque centrale des Etats-Unis : « Je suis désolé qu'il soit politiquement incorrect de reconnaître ce que tout le monde sait : la guerre en Iraq a essentiellement eu lieu pour le pétrole ».[397]

Une question en découle inévitablement : ces faucons auraient-ils fait le nécessaire pour atteindre leurs objectifs, en provoquant le « nouveau Pearl Harbor » qu'ils appelaient de leurs voeux ? L'insaisissable Oussama Ben Laden a-t-il servi de provocateur pour justifier les guerres contre l'Afghanistan et l'Irak ? Est-ce concevable ? Existe-t-il des précédents historiques, aux Etats-Unis ou ailleurs ?

Précédents historiques

Jacques Baud, colonel d'état-major et ancien analyste des services de renseignement stratégique suisses écrit : « Depuis

---

[397] "Greenspan admits Iraq was about oil, as deaths put at 1.2m", *The Guardian*, 16/9/2007

plus d'un siècle, les Etats-Unis ne sont jamais entrés dans un conflit majeur sans en avoir créé les conditions au préalable ».[398]

Rappelons d'abord le naufrage de l''USS *Maine* dans la baie de La Havane à Cuba le 15 février 1898, qui explosa et coula en emportant près des trois quarts de l'équipage. Une commission d'enquête ne permit pas de déterminer la cause de l'explosion mais l'opinion publique américaine, poussée par des articles incendiaires de la presse populaire, accusa l'Espagne. Le cri de ralliement *Remember the Maine, to Hell with Spain !* (« Souvenez-vous du Maine, Mort à l'Espagne ! ») a été utilisé par la faction belliciste de l'opinion américaine et la guerre hispano-américaine fut déclenchée le 25 avril 1898. Si le naufrage de l'USS *Maine* n'était pas la cause directe du conflit, il joua un rôle de catalyseur. La raison du naufrage continue à faire débat : incendie non détecté dans une des soutes à charbon, mine navale ou sabordage délibéré pour pousser les États-Unis à la guerre.

L'attaque de la base navale américaine de Pearl Harbor à Hawaï par l'aéronavale japonaise le 7 décembre 1941 entraîna l'entrée des Etats-Unis dans la Seconde Guerre mondiale. Quatre mois avant l'attaque, l'espion serbe Dusan Popov avait informé les services secrets anglais puis américains des intentions nippones - comme l'espion Richard Sorge l'avait fait auparavant. Le directeur du FBI, John Edgard Hoover, reçut Popov dans son bureau le 12 août 1941. Popov était un agent double, qui faisait semblant de travailler pour les Allemands. Au lieu de donner l'importance qu'elles méritaient à ses informations sur le projet d'attaque de Pearl Harbor, Hoover l'éconduit grossièrement.

En 1942, Edgard Hoover reconnut, devant un petit cercle de *l'Army-Navy Club*, qu'il « avait reçu des communications répétées en 1941, depuis le début de l'automne jusqu'à quelques jours avant l'attaque de Pearl Harbor. Le Président

---

[398] Jacques Baud, *Terrorisme mensonges politiques et stratégies fatales de l'Occident*, 2016, p.20

avait été tenu au courant durant toute cette période. Il lui avait dit de ne parler de ces informations à personne, pour qu'elles ne soient manipulées [sic] que par le jugement du Président et qu'elles ne soient pas transmises aux services du FBI ».[399]

Il existe des traces des informations annonçant l'attaque de Pearl Harbor. Parmi les messages japonais interceptés et conservés dans les archives de l'Agence de Sécurité Nationale (NSA), figure celui envoyé par le bateau-citerne japonais Shirya, qui indique avec précision la position de la flotte : « Nous nous dirigeons vers la position 30.00 Nord, 154.20 Est [en direction d'Hawaï]. Nous espérons atteindre cette position le 3 décembre.» Ce message en possession de l'armée des États-Unis depuis le 14 novembre serait estampillé du tampon « déchiffré ».[400] Ce simple élément suffirait à confirmer la thèse selon laquelle Roosevelt était au courant de l'attaque et qu'il laissa faire pour provoquer l'indignation de la population et favoriser l'entrée en guerre des Etats-Unis. Rappelons que l'attaque de Pearl Harbor a provoqué 2.400 morts.

L'entrée en guerre des Etats-Unis contre le Nord-Vietnam répond à un scénario du même type. En août 1964, deux destroyers américains qui s'étaient aventurés dans les eaux territoriales du Nord-Vietnam, essuyèrent des tirs de la part des Nord-Vietnamiens.[401] Il est établi aujourd'hui que les incidents du golfe du Tonkin ont été instrumentalisés pour permettre une escalade de l'intervention américaine dans le conflit indochinois. Ces « incidents » ont fourni au Président Johnson, successeur de Kennedy, le prétexte pour faire voter par le Congrès américain une résolution donnant au Président le pouvoir de déclarer la guerre sans avoir à demander la permission du Congrès, comme l'exige la Constitution. Les «papiers du Pentagone » ont révélé que le texte de la résolu-

---

[399] Anthony Summers, *Le Plus grand salaud d'Amérique J.E. Hoover, patron du FBI*, Seuil 1995, pp.100-121

[400] *http://www.whatreallyhappened.com/WRHARTICLES/pearl.html; https://ramonchao.wordpress.com/2012/03/12/pearl-harbor/*

[401] *https://fr.wikipedia.org/wiki/Incidents_du_golfe_du_Tonkin*

tion avait été rédigé par l'administration Johnson plusieurs mois *avant* que lesdits « incidents » aient lieu.[402]

Anatomie d'une provocation

L'Opération Northwoods est un projet des services secrets américains non réalisé, qui permet d'observer de manière précise leur mode opératoire.[403] Les documents relatifs à ce projet, déclassifiés en 1997 (35 ans après leur rédaction) sont disponibles sur internet. Il s'agit d'un projet d'opérations militaires clandestines sous fausse bannière destinées à manipuler l'opinion publique. Ces actions auraient amené à tuer ou blesser des citoyens américains et à accuser les Cubains pour envahir leur île. Conçu par des chefs de l'état-major américain, ce projet, commandé et approuvé par le Président Eisenhower fut rejeté en 1962 par Kennedy.[404]

Ce qui est intéressant dans ces documents, même s'ils n'ont abouti à aucune action, c'est qu'ils dévoilent un complot organisé par les Etats-Unis et éclairent le mode de pensée et les motivations des services secrets. Les citations qui suivent sont extraites des documents déclassifiés.

Le but de l'opération est de créer « des prétextes pour une intervention militaire américaine à Cuba », comme le demandait Eisenhower. Le plan prévoyait :

l'élaboration logique d'incidents à combiner avec d'autres événements apparemment sans rapports pour camoufler l'objectif ultime et créer une impression nécessaire d'impétuosité et d'irresponsabilité à grande échelle de Cuba , à l'intention des Etats-Unis et d'autres pays (...)

Le résultat souhaité de l'exécution de ce plan serait de placer les Etats-Unis dans la position apparente de subir des torts inacceptables de la part d'un gouvernement cubain téméraire et irresponsable, et de développer une

---

[402] *https://fr.wikipedia.org/wiki/R%C3%A9solution_du_golfe_du_Tonkin*
[403] *https://en.wikipedia.org/wiki/Operation_Northwoods*
[404] James Bamford, *Body of Secrets*, 2001

> *image internationale de menace cubaine à la paix dans l'hémisphère occidental (…) L'objectif ultime étant une intervention militaire.*

« Créer une impression nécessaire d'impétuosité et d'irresponsabilité à grande échelle à l'intention des Etats-Unis et d'autres pays », n'est-ce pas ce qu'on attendait d'Oussama Ben Laden et des Talibans, avant d'attaquer l'Irak et l'Afghanistan ? De même que « développer une image internationale de menace à la paix dans l'hémisphère occidental… L'objectif ultime étant une intervention militaire ».

Quels étaient les « incidents » envisagés ?

Tout d'abord : « Lancer des rumeurs (beaucoup) » : quel personnage a suscité plus de rumeurs que Ben Laden ?

« Utiliser une radio clandestine » : ce qui fait songer à Al Jazeera, chaîne de télévision qatarie qui a démarré fin 1996 (au début de la phase de diabolisation de Ben Laden), devenue mondialement célèbre après le 11 Septembre, grâce à une série d'interviews de Ben Laden.[405] Al Jazeera diffusa opportunément le 11 février 2003 une interview de Ben Laden, évoquant « des liens et des contacts entre le régime irakien et Al Qaida »[406], un mois avant l'invasion de l'Irak, dont le centre de commandement intégré était installé au Qatar (comme le siège d'Al Jazeera).

Souvenons-nous aussi que le directeur d'Al Jazeera dut démissionner à cause de câbles diplomatiques révélés par Wikileaks en 2011, montrant que la chaîne collaborait avec l'ambassade américaine et la DIA, l'agence de renseignement du département de la Défense américain.[407] [408]

Sur le plan de l'action, l'opération Northwoods prévoyait :

---

[405] Rappelons qu' Al Jazeera avait également été tuyautée sur la destruction des bouddhas de Bamiyan (voir chapitre 3)

[406] Le communiqué d'Al Qaida laisse perplexes les journalistes d'Al-Jazeera, *Le Monde*, 13/2/2003

[407] After Disclosures by Wikileaks, Al Jazeera Replaces Its Top News Director, *New York Times*, 20/9/2011

[408] Why I had to resign, *The Times*, 6/10/2011

Placer au-delà de la clôture des Cubains alliés en uniforme pour simuler une attaque de la base [de Guantanamo]. Capturer des saboteurs Cubains (alliés) à l'intérieur de la base. Démarrer des émeutes à proximité de la base. Faire sauter des munitions à l'intérieur de la base, etc.

Plus intéressant :

Saboter des navires dans le port… Couler des bateaux près de l'entrée du port. Mener les funérailles de fausses victimes… Un incident de type "Souvenez-vous du Maine" pourrait être arrangé sous différentes formes : Nous pourrions couler un navire américain dans la baie de Guantanamo et accuser Cuba… Nous pourrions aussi développer une campagne de terreur dans la région de Miami, dans d'autres villes de Floride et même à Washington… Nous pourrions couler un bateau rempli de réfugiés cubains en route pour la Floride (réel ou simulé). Nous pourrions organiser des attentats contre la vie de réfugiés cubains aux Etats-Unis jusqu'au point d'avoir des blessés pour en faire une large publicité… L'arrestation d'agents cubains et la publication de documents fabriqués pour faire croire à une implication cubaine contribuerait également à donner une image de gouvernement irresponsable.

La liste comprend une douzaine d'autres moyens dont le projet d'abattre un avion américain rempli de faux passagers « avec des identités fictives soigneusement préparées ». Des meurtres et des attentats sanglants sur le sol américain, comme le 11 Septembre, étaient donc inclus dans ce plan.

12 UN COMPLOT INTERNE ?

*« Les chances qu'a la vérité de fait de survivre à
l'assaut du pouvoir sont très minces ; elle est toujours en danger d'être mise hors du monde, par des manoeuvres, non seulement pour un temps, mais virtuellement pour toujours ».*

Hannah Arendt, *Vérité et politique, 1964*

Les exemples historiques cités dans le chapitre précédent se limitaient volontairement aux Etats-Unis, mais les coups tordus de ce type émaillent l'Histoire. Rappelons l'opération Himmler (ou incident de Gleiwitz), une opération commando montée de toutes pièces par les nazis consistant à simuler une attaque polonaise contre un émetteur radio situé à Gleiwitz, en territoire allemand, qui servit de prétexte pour déclencher l'invasion de la Pologne le 1er septembre 1939, entraînant l'Europe vers la Seconde Guerre mondiale.[409]

Ce type d'événement met en évidence une dimension obscure de la politique internationale, qui résulte d'une combinaison d'actions officielles et occultes dont il ne faut pas négliger les interactions, même si la doxa anti-conspirationniste actuelle tend absurdement à nier toute action cachée.

Pour nous centrer sur l'objet de ce livre, quels sont les éléments spécifiques indiquant que les attaques du 11 Septembre pourraient résulter d'un complot interne, plutôt que d'un complot extérieur au pouvoir américain?

---

[409] *https://fr.wikipedia.org/wiki/Op%C3%A9ration_Himmler*

Résistances à la Commission du 11 Septembre

Le premier élément troublant est « l'obstruction continue de la part de la Maison Blanche à l'égard d'une enquête objective sur ce qui s'est passé ».[410] Les Républicains se sont opposés d'emblée à la création d'une commission d'enquête, déclarant sur un ton martial : « Créer une Commission en période de guerre est contre-indiqué et franchement irresponsable ».[411] La Commission sur le 11 Septembre réclamée par les familles des victimes et par de nombreux élus, commença ses travaux en novembre 2002, un an après les attaques, et publia son rapport en juillet 2004, trois ans après les faits. Son président et son vice-président étaient nommés par le Président Bush.

La Commission était composée de cinq Démocrates et cinq Républicains, mais elle était solidement encadrée par les Républicains. Le président de la Commission, Thomas Kean (dont nous avons vu les liens avec des financiers saoudiens) était Républicain. De même que le directeur exécutif Philip Zelikow, chargé de superviser les investigations et la rédaction du rapport final.

Zelikow avait le pouvoir de déterminer les événements liés au 11 Septembre qui seraient examinés ou non. Proche de la Maison Blanche et des néoconservateurs, sa désignation fut controversée dès le départ :

De même que l'on ne s'attendrait pas à ce qu'une enquête menée par George Bush, Dick Cheney ou Condoleezza Rice soit impartiale, nous ne devrions pas non plus nous attendre à ce qu'une recherche menée par Philip Zelikow, leur homme au sein de la Commission du 11/9, soit impartiale.[412] [413]

---

[410] Peter Dale Scott, *La Route vers le nouveau désordre mondial*, Editions Demi-Lune, 2013, p.272

[411] « Daschle Is Seeking à Special Inquiry on Sept. 11 Attacks", *New York Times*, 22/5/2002

[412] David Ray Griffin, *The 9/11 Commission Report, Ommissions and Distorsions*, 2005, p.12

Le Vice-président de la Commission Lee Hamilton était un Démocrate qui avait déjà aidé les Républicains à étouffer deux scandales. D'abord l'affaire Iran-Contra, en 1987, où il présidait la Commission d'Etudes de la Chambre et du Sénat, qui décida de ne pas poursuivre le Président Reagan pour les ventes d'armes à l'Iran, dont le bénéfice finançait des rebelles nicaraguayens (que le Congrès avait refusé de soutenir). Hamilton dirigeait aussi la Commission d'Etudes de la Chambre des Représentants (1992-1993), sur la « contre-surprise républicaine », à savoir la livraison d'armes à l'Iran destinée à *retarder la libération des otages* de l'ambassade américaine par l'Iran jusqu'au jour de l'élection de Reagan.[414]

Le rapport d'une première Commission d'enquête conjointe de la chambre et du sénat (Joint Inquiry) avait été bloqué par la Maison Blanche pendant des mois, avant d'être publié en juillet 2003, largement revu et censuré (dont les 28 pages concernant l'Arabie saoudite). C'est ce qui incita les familles des victimes à réclamer une Commission d'enquête indépendante.[415]

On pourrait penser que les réticences de la Maison Blanche à établir la vérité visaient à dissimuler des erreurs relatives au 11 Septembre, plutôt qu'un rôle actif quelconque de sa part. Si c'était le cas, la Maison Blanche n'aurait eu de cesse que de mettre un terme à ces erreurs et d'écarter discrètement ceux qui les avaient commises. Or ces derniers ont, au contraire, été promus.

France Townsend, fonctionnaire du Département de la Justice, qui en 2000 fit obstacle à l'enquête de Chicago sur le financement du terrorisme, a été nommée conseillère à la Sé-

---

[413] On ne peut s'empêcher de noter le parallèle avec le fait qu'Allen Dulles, chef de la CIA congédié par John Kennedy après l'invasion manquée de Cuba en 1961, devint directeur et investigateur principal de la Commission Warren, chargée d'enquêter sur l'assassinat de Kennedy.

[414] Scott, p.160

[415] Peter Lance, 1000 Years for Revenge, 2003, p.3

curité Intérieure du Président Bush et directrice du contre-terrorisme pour le Conseil National de Sécurité *après* le 11 Septembre.[416] De même, Michaël Chertoff, qui refusait de prendre au sérieux les préoccupations de l'agent du FBI Robert Wright sur le financement du terrorisme avant le 11 Septembre et de l'entendre après les attaques, sera promu chef du Département de la Sécurité intérieure[417], et deviendra un des principaux architectes de la stratégie de Guerre à la Terreur de l'administration Bush.[418]

Absence de réaction aux attaques

Le deuxième élément qui oblige à se poser des questions sur le rôle des Etats-Unis concerne les attaques elles-mêmes. A l'évidence, le détournement simultané des avions est le résultat d'un complot. Complot islamiste, que les Etats-Unis n'ont pas pu empêcher, ou complot ultraconservateur ?

Cette dernière hypothèse engendre une répugnance compréhensible. Mais il faut reconnaître que, même si les services de renseignement avaient tout ignoré des attaques qui se préparaient, celles-ci auraient au moins partiellement échoué si les avions détournés avaient été interceptés par des avions de chasse. L'absence de riposte était la condition *sine qua non* pour réussir ces attentats.

Le rapport de la Commission sur le 11 Septembre n'envisage à aucun moment que les comploteurs aient pu bénéficier de complicités au sein des forces armées américaines ou de l'aviation civile. Cet élément clé du complot, qu'Al Qaida ne pouvait théoriquement pas anticiper, plaide en faveur d'un *inside job*.

Il s'agit d'une responsabilité *interne* aux Etats-Unis, dont la Commission a tout fait pour disculper l'armée, ainsi que le

---

[416] "A Vulgar Betrayal", *LA Weekly*, 26/8/2004
[417] "Whistleblower Complains of FBI Obstruction", *Fox News*, 30/5/2002
[418] Coleen Rowley, "Tenet's Moment of Truth or Just More Sellout?", *Hufftington Post*, 2/5/2007

Président, le Vice-président et le secrétaire à la Défense, supposés être aux commandes de l'armée. On peut s'étonner des nombreuses distorsions de faits (vues aux chapitres 1 et 2) visant à montrer que Bush, Cheney, Rumsfeld et Myers seraient restés inactifs pendant les attaques. Cette démission collective est plutôt infâmante, mais elle permet aussi de dégager leur responsabilité dans l'absence d'interception des avions détournés, attribuée à l'incompétence de subalternes.

Exercices militaires du 11 septembre

Plusieurs exercices militaires ou « jeux de guerre » avaient lieu le matin du 11 septembre. L'un d'eux est mentionné dans le livre de Richard Clarke.[419] Ce point essentiel, trop complexe pour être développé ici, est à peine évoqué dans le rapport de la Commission.[420]

La Commission parle d'un seul exercice, *Vigilant Guardian*, impliquant un détournement d'avion, et cite le dialogue entre un contrôleur aérien de l'aviation civile (FAA) avertissant l'aviation militaire (*North East Defense Sector*- NEADS) du détournement du premier avion (vol A11). Sur quoi le correspondant du NEADS répond : « Est ce le monde réel ou un exercice ? »

La Commission conclut de manière absurde – sur base de l'avis du commandant du NORAD[421], le général Eberhart - que ces exercices n'ont *pas pu* perturber les réactions militaires aux attaques, mais au contraire les accélérer. Il est difficile d'en savoir plus sans une analyse approfondie de ces exercices. On peut cependant se demander si l'armée organise des jeux de guerre tous les jours, ou si les pirates étaient renseignés de l'intérieur.

---

[419] Richard Clarke, *Against All Ennemies*, p.5

[420] Le rapport y consacre 6 lignes et une note finale : *The 9/11 Commission Report*, p.20 et p.458

[421] North American Aerospace Defense Command

Spéculations boursières

Un autre élément oblige à se poser des questions. Il s'agit d'importantes spéculations boursières qui ont précédé les attaques. Des investisseurs ont spéculé à la baisse sur les actions des compagnies aériennes United Airlines et American Airlines, en achetant des *put options* (options à la baisse, qui permettent de gagner de l'argent en cas de baisse).

Entre le 6 et le 10 septembre des quantités énormes d'options *put* ont été achetées à la Bourse de Chicago, *pour ces deux compagnies et pour aucune autre compagnie aérienne*. Des investisseurs se sont livrés à des opérations semblables pour des compagnies qui avaient leurs bureaux dans le World Trade Center ou à proximité immédiate, ainsi que pour des compagnies d'assurances qui ont dû payer des sommes énormes au lendemain des attentats, comme Citigroup ou AXA.

« Lorsque le marché américain rouvre, le 17 septembre, les spéculateurs touchent le jackpot : l'action de United Airlines a chuté de 42 %, celle d'American Airlines de 39 %. Les bénéfices engrangés sont colossaux ».[422] Le *Wall Street Journal* révèle que des transactions anormales portant sur des bons du Trésor américain à cinq ans ont également été observées, une de ces transactions portant sur un montant de 5 milliards de dollars.[423]

Dès le 12 septembre, la Securities and Exchanges Commission (SEC), l'organisme fédéral américain chargé de la réglementation et du contrôle des marchés financiers, ouvre une enquête sur ces mouvements spéculatifs. Cette enquête, de même qu'une enquête du FBI et des enquêtes en France et au Royaume Uni ont conclu, en 2002 et 2003, qu'il n'existait « pas la moindre preuve » permettant d'envisager que les spéculateurs aient été informés à l'avance des attentats.[424]

---

[422] Mehdi Ba, *11 Questions sur le 11 Septembre*, 2011, p.245

[423] Treasury Bonds Enter Purview of U.S. Inquiry Into Attack Gains, *The Wall Street Journal*, 2/10/2001

[424] Mehdi Ba, Idem, p. 249

Cependant, ces enquêtes sont parties de l'hypothèse que seuls des individus liés à Al Qaida pouvaient être au courant des attentats à l'avance. Mais « comment la SEC américaine, la COB (Commission des Opérations de Bourse) française ou la FSA (Financial Services Authority) pouvaient-elles connaître, fin 2001, l'étendue des réseaux impliqués dans l'organisation du 11 Septembre ? »[425] La SEC n'a d'ailleurs jamais communiqué l'identité des heureux spéculateurs.

Par ailleurs, trois études économétriques de haut niveau ont confirmé une haute probabilité *d'insider trading*. La méthodologie et les résultats de ces études n'ont jamais été contestés dans la littérature professionnelle.[426]

Les bénéficiaires de ces spéculations n'ont jamais été nommés, mais une piste mène dans leur direction. Une somme de 2,5 millions de dollars de profits provenant de la spéculation sur le titre Americain Airlines n'avait pas été récupérée un mois après les attentats. Ces options avaient été achetées par la banque d'investissement Alex Brown, filiale de la Deutsche Bank.[427] « Cette firme a acheté une grande partie des options *put* sur les actions d'United Airlines. Elle était dirigée de 1991 à 1998 par Buzzy Krongard, qui s'occupait de la partie privée de la banque, traitant les comptes et les investissements de clients fortunés du monde entier[428] ».

Or Buzzy Krongard avait été nommé en mars 2001, par le Président Bush, directeur exécutif de la CIA[429] (numéro 3 de l'agence), après avoir été conseiller du directeur George Tenet, dont il est un ami proche.[430] Au sein de la CIA, Krongard était chargé de superviser la détection de la moindre

---

[425] Idem, p. 252

[426] *Evidence of Insider Trading before September 11th Re-examined*, by Paul Zarembka, Department of Economics State University of New York at Buffalo, 9/9/2011 http://ithp.org/articles/septemberinsidertrading.html

[427] "Suspicious profits sit uncollected / Airline investors seem to be lying low", *San Francisco Chronicle*, 29/9/2001

[428] « Mystery of terror 'insider dealers' », *The Independent*, 14/10/2001

[429] David Ray Griffin, *The 9/11 Commission Report*, p.53

[430] Michael C. Ruppert, *Crossing The Rubicon*, 2004, p.56

anomalie sur les marchés financiers, qui aurait pu intéresser le contre-espionnage. [431] Il n'a manifestement rien trouvé d'anormal à l'achat d'énormes quantités d'options put d'American Airlines et d'autres sociétés – notamment par son ancienne banque – quelques jours avant le 11 Septembre.

Le nom de Buzzy Krongard apparaît une seule fois dans le rapport de la Commission d'enquête sur le 11 Septembre, en rapport avec le projet avorté d'élimination de Ben Laden à l'aide de missiles Predator. [432] Le problème des achats de titres suspects est discuté seulement dans une note de bas de page, et Buzzy Krongard n'a jamais été questionné à ce sujet. [433]

Ici aussi, il faut relativiser l'ambition affichée par la Commission de « fournir le compte-rendu le plus complet possible des événements entourant le 11 septembre » [434], et admettre avec David Ray Griffin que « le travail de la Commission était entièrement dominé par la supposition indubitable que les attaques ont été organisées et exécutées par Al Qaida, sans l'aide d'officiels américains ou de qui que ce soit ». [435]

Pour donner une idée de l'importance de Buzzy Krongard au sein du contre-terrorisme, il est intéressant de savoir que le lendemain des attaques, le 12 septembre 2001, il participait à Langley à un dîner des chefs de la CIA et du FBI avec les chefs des services de renseignement britanniques MI6 et MI5, qui venaient d'arriver aux Etats-Unis par avion. [436] Buzzy Krongard a également contribué à la création du programme des prisons secrètes de la CIA après le 11 Septembre. [437]

---

[431] Eric Laurent, pp. 61-67

[432] *The 9/11 Commission Report*, p.211

[433] *The 9/11 Commission Report*, note 130, p.499

[434] *The 9/11 Commission Report*, p.XVI

[435] David Ray Griffin, The 9/11 Commission Report, p.54

[436] "What George Tenet really knew about Iraq", *Salon*, 2/7/2007

[437] "Brothers, Bad Blood and the Blackwater Tangle", *New York Times*, *17/11/2007*

Krongard poursuivit sa carrière à la lisière des affaires et du contre-espionnage. En 2002 la société Blackwater obtînt un contrat de 5,4 millions de dollars avec la CIA sans appel d'offre, après un coup de téléphone de son patron Eric Prince au directeur exécutif de la CIA Buzzy Krongard[438], et en 2006, Krongard a rejoint le conseil d'administration de Blackwater.[439]

Un autre fait troublant est passé inaperçu et rangé parmi les faits divers. Le 10 septembre 2001 un investisseur nommé Antony Elgindy donna l'ordre à son courtier de liquider un compte de 300.000 dollars, par crainte d'une chute brutale du marché. Il annonça au courtier que le Dow Jones, qui était à 9.600 points allait chuter à 3.000 points.[440] Cet Elgindy fut arrêté en mai 2002 en compagnie de deux agents du FBI, Jeffrey Royer et Lynn Wingate qui, selon le procureur, utilisaient leur position au sein du FBI pour obtenir des informations internes sur différentes sociétés. Le procureur se demandait notamment si Elgindy avait été informé à l'avance des attaques du 11 Septembre[441].

En 2005, Jeffrey Royer - alors ex-agent du FBI - reconnut avoir donné à Elgindy des détails confidentiels sur les enquêtes fédérales, y compris sur les futures attaques du 11 Septembre.[442] Elgindy fut condamné à dix ans de prison pour malversations, mais le juge *refusa que les informations sur les attaques du 11 Septembre soient évoquées devant le tribunal*[443]. Encore une manière de balayer la poussière sous le tapis.

---

[438] « Revolving door to Blackwater causes alarm at CIA", *Harper's*, 12/9/2006
[439] « Blackwaters : CIA assassins ? », *Nation*, 20/8/2009
[440] En réalité il a chuté de 1.400 points, à la fin d'une semaine qui représente la plus grosse chute de l'histoire de la Bourse de New York.
[441] "Five, Including F.B.I. Agents, Are Named in a Conspiracy", *New York Times*, 23/5/2002
[442] "Ex-FBI agent admits giving out 9/11 data", ASSOCIATED PRESS, 5/1/2005
[443] *http://m.sandiegoreader.com/news/2015/jul/25/ticker-anthony-elgindy-dead/*

En ce qui concerne les fuites médiatiques, il faut ajouter que, selon Newsweek, un groupe de dirigeants du Pentagone a brusquement annulé le 10 septembre ses plans de voyage pour le lendemain matin, apparemment pour des raisons de sécurité.[444]

Ces fuites trop vite colmatées montrent que certains personnages proches du FBI et de la CIA avaient une prescience des attaques du 11 Septembre qui dépasse le niveau du hasard, et qu'ils ont même tenté d'en profiter plutôt que de les empêcher.

Les services secrets échappent à l'Etat public

Les précédents historiques que j'ai cités et les aspects obscurs des événements du 11 Septembre montrent que l'hypothèse d'une intervention des services secrets américains dans la préparation des attaques n'a rien d'irréaliste. C'est pourquoi il faut s'interroger sur le degré de contrôle démocratique des Etats-Unis sur leurs services secrets.

On doit se garder de deux visions simplistes : vision naïve, selon laquelle ces services seraient parfaitement contrôlés par l'Etat ; vision paranoïaque où ces services feraient tout ce qu'ils veulent. La vérité se situe entre les deux. Il faut s'intéresser aux conditions historiques dans lesquelles fonctionnent ces services. C'est pourquoi un retour en arrière est utile.

Le scandale du Watergate en 1972, où l'administration Nixon utilisa la CIA pour espionner ses opposants politiques, amena le Congrès à se méfier de la CIA et à enquêter sur ses méfaits au cours des 25 années antérieures à 1975. Après cette date, le directeur de la CIA devait informer pas moins de huit commissions de la Chambre et du Sénat de toutes les activités clandestines qui seraient entreprises : « la clandestinité des

---

[444] Mark Hosenball, "Bush: 'We're at war'", *Newsweek*, 23/9/2001

actions "clandestines" de la CIA avait pratiquement cessé d'exister ».[445]

En 1976, le Président Ford remplaça le directeur de la CIA William Colby par George Bush senior. L'effet paradoxal du contrôle de la CIA par le Congrès fut que certaines de ses activités lui échappèrent complètement.

> *George Bush trouva un moyen d'éviter la règle nouvellement imposée de supervision de la CIA par le Congrès. Il accéléra la délégation d'opérations secrètes à des services de renseignement étrangers et aussi à des actifs non seulement hors registres, mais également basés hors du pays. Ces actifs hors frontières — notamment la Bank of Credit and Commerce International (BCCI) — furent très utiles au directeur de la CIA William Casey, mais également plus tard à Bush en tant que Vice-président [de 1981 à 1989], dans le but d'échapper à la supervision du Congrès. Par-dessus tout, "Bush cimenta de solides relations avec les services de renseignement d'Arabie saoudite mais aussi avec ceux du shah d'Iran".* [446]

À partir de ce moment, la CIA faisait ce qu'elle voulait par l'intermédiaire des services de renseignement d'autres pays comme l'Arabie saoudite, le Pakistan, l'Egypte, etc.

C'est ainsi que :

> *L'Afghanistan fut une guerre secrète menée et gagnée par la CIA sans débats au Congrès ni protestations dans les rues. Ce ne fut pas seulement la plus grande opération secrète de la CIA, mais la plus grande guerre secrète de l'histoire et, dans une certaine mesure, les Américains n'en ont jamais pris conscience.*[447]

Une coalition anticommuniste internationale échappant au contrôle du Congrès, Le Safari Club, fut créé en 1976.

En 2002, le chef des renseignements saoudiens, le prince Turki bin Fayçal en expliquait le principe aux anciens élèves de l'Université de Georgetown :

---

[445] William Colby, *30 ans de CIA*, 1978, p.339
[446] Scott, p.101
[447] George Crile, *Charlie Wilson's War*, p.ix

« En 1976, suite au scandale du Watergate dans ce pays, votre communauté des renseignements était littéralement ligotée par le Congrès. Elle ne pouvait rien faire. Elle ne pouvait pas envoyer d'espions, écrire des rapports, ou utiliser de l'argent. Afin de compenser cela, un groupe de pays se réunirent avec l'espoir de combattre le communisme et établirent ce qui fut appelé le Safari Club. Le Safari Club incluait le France, l'Egypte, l'Arabie saoudite, le Maroc et l'Iran »[448].

« Le principal résultat de ces agissements et de ces recours à des circuits extérieurs ne fut pas seulement une perte de traçabilité, mais également une perte de contrôle [des gouvernements et des Congrès successifs] sur des politiques majeures. Très vite, l'exemple parfait incarnant cette perte de contrôle s'avéra être le soutien de la CIA à la résistance en Afghanistan au cours des années 1980 »[449].

C'est dans ce cadre de cette « délocalisation » des services secrets, et de l'utilisation du fondamentalisme islamique qu'apparut Oussama Ben Laden, chargé de recruter et de former des combattants pour l'Afghanistan puis, peut-être, de justifier l'invasion de l'Afghanistan, de l'Irak et la « guerre contre le terrorisme », dont Donald Rumsfeld annonçait qu'elle n'aurait « *pas de point final* »[450].

Tout le monde admet aujourd'hui que la « deuxième guerre » du 11 Septembre (en Irak) a été lancée sur base d'informations fabriquées par les services de renseignements et la maison Blanche. Pourquoi la « première guerre » du 11 Septembre (en Afghanistan) n'aurait-elle pas été fondé sur des données falsifiées ?

---

[448] Scott, p.102
[449] Scott, pp.103-104
[450] « Les préjugés de Donald Rumsfeld mis en lumière par ses notes de service », *Le Monde.fr*, 1/11/2007

13 DE LA GUERRE FROIDE A LA GUERRE A LA TERREUR

Après avoir montré, de manière générale, la possibilité historique et politique d'une implication des services américains dans des « coups tordus », il faut se demander si les attaques du 11 Septembre en particulier ont pu être organisées avec l'aide de services américains.[451] Ce qui mène à la question la plus difficile : *qui* aurait pu organiser de telles actions ?

J'utilise le conditionnel car on se heurte quasiment à l'impensable ou au sacrilège. Comment imaginer que des dirigeants américains puissent agir de manière aussi perverse ? Qui pourrait sacrifier 3.000 concitoyens pour un objectif politique ?

Une manière indirecte d'aborder le problème consiste à se demander s'il existe des dirigeants *capables* d'une telle cruauté. Inutile de parcourir deux mille ans d'histoire, ni même un siècle, pour se rendre compte que ce type de leader sanguinaire n'est pas rare : Staline, Hitler, Mao, Pol Pot, Saddam Hussein, Khadafi, Kim Il Sung... Un événement analogue aux attentats contre le World Trade Center, impliquant les autorités russes, s'est d'ailleurs déroulé à Moscou.

Attentats de Moscou

En 1999 en Russie, une série de cinq attentats contre des immeubles d'habitations ont fait au moins 290 morts et un

---

[451] Voir : Kevin Fenton, *Disconnecting the Dots : How CIA and FBI officials helped enable 9/11 and eveded government investigations*, 2011

millier de blessés. Ces attaques à l'explosif et à la voiture piégée ont été attribuées à des indépendantistes tchétchènes. Mais plusieurs observateurs indépendants pensent que ces attentats ont été organisés par les autorités russes pour justifier l'invasion du Daghestan et pour déclencher la Seconde guerre de Tchétchénie.[452]

Hélène Blanc, politologue spécialiste de la Russie au CNRS, affirme que la responsabilité des services du FSB (service secret russe successeur du KGB), et non de la Tchétchénie est établie dans les attentats de 1999 :

> *« Nous savons que ces attentats n'étaient pas du tout l'œuvre des Tchétchènes auxquels on les a attribués, mais l'œuvre du FSB. D'ailleurs, il y a eu trois attentats au total dans différentes villes, mais dans la quatrième ville, Riazan, le FSB a été pris la main dans le sac. Par la suite, on a su que non seulement le modus operandi n'était pas du tout dans l'habitude tchétchène, mais qu'en plus les explosifs n'étaient pas des explosifs tchétchènes mais bien des explosifs russes. Le FSB est capable de beaucoup de choses, y compris contre son peuple ».[453]*

Que s'est-il passé à Riazan ? Après un appel concernant un véhicule suspect à proximité d'un immeuble, la police découvrit trois sacs de cent livres de poudre blanche dans les sous-sols. Un détonateur et un dispositif de synchronisation étaient joints et déclenché. Le FSB affirma qu'il s'agissait d'un « exercice de lutte antiterroriste ». La Douma a rejeté deux demandes d'enquête parlementaire et les documents relatifs à ces attentats ont été mis au secret pour 75 ans.[454]

Un grand complot ?

Il existe certes des gens prêts à tout. Reste à savoir si le

---

[452] *https://fr.wikipedia.org/wiki/Attentats_en_Russie_en_1999*

[453] Attentat-suicide à l'aéroport de Moscou Domodedovo : la piste caucasienne privilégiée, France Info, 25/1/2011

[454] Duma Vote Kills Query On Ryazan [archive], *The Moscow Times*, 4 avril 2000

camp occidental - que nous assimilons volontiers au camp du Bien – peut produire de tels dirigeants. Question biaisée par une tendance à projeter notre propre mentalité sur autrui, avec l'illusion de le connaître. Or ce n'est pas parce que *nous* ne pouvons pas envisager froidement la mort de 3.000 innocents, que nos dirigeants sont nécessairement empreints de la même empathie. Nous verrons plus loin ce qu'il en est des capacités d'empathie de Donald Rumsfeld.

Cette illusion est la même nature que celle des enfants qui idéalisent leurs parents par nécessité d'être aimés. Supposer que nos dirigeant sont capables d'actes monstrueux entraîne un vacillement de nos idéaux démocratiques, mais la maturité psychologique et politique, consiste à faire face à la vérité, au sujet de nos parents comme de nos dirigeants.

De quels dirigeants parlons-nous dans le cas du 11 Septembre, et que savons-nous de leur personnalité ? Quantitativement d'abord, l'objection selon laquelle *un grand nombre de personnes* devraient être au courant de tous les aspects d'un projet secret ne tient pas. Il existe des chaînes de commandement verticales, telles que chacun exécute une tâche sans nécessairement en connaître les tenants et les aboutissants.

La plupart des agents des services de renseignement travaillent sur le terrain, sans percevoir la politique générale dans laquelle s'inscrivent leurs activités. Lorsqu'ils font du zèle et que leur travail dérange, ils sont bloqués par leur hiérarchie, comme nous l'avons vu avec John O'Neil (New York), Robert Wright (Chicago), Coleen Rowley (Minneapolis) ou Kenneth Williams (Phoenix) au sein du FBI, ainsi qu'avec le programme Able Danger de l'armée.

Même ceux qui freinent leurs collègues ne savent pas nécessairement *pourquoi* ils le font. Ils peuvent supposer que c'est pour de bonnes raisons. Ou bien ils obéissent aux ordres, en constatant ce qui arrive à ceux qui ne le font pas. Ceux qui comprennent que leur mission est anormale peuvent craindre pour leur carrière, mais aussi être intimidés par une raison d'état qu'ils imaginent supérieure à leur entendement (plutôt que par une clique dont ils ignorent l'existence). De nombreux exemples montrent que les blocages de l'enquête sur Al Qaida provenaient de la tête des principales agence de renseignement : CIA, DIA, FBI, NSA, Pentagone…

Un argument de bon sens est qu'une complicité américaine dans les attaques aurait nécessairement suscité des *fuites*. Or celles-ci ont eu lieu - à tous les étages - mais elles ont été colmatées jusqu'au 11 Septembre et plus tard.

On se rappelle qu'en août 2001 des sources du FBI informèrent l'avocat David Schippers, qu'une attaque était imminente dans le bas de Manhattan. Le département de la Justice refusa de l'entendre.[455] Un agent du FBI a donné au spéculateur Elgindy des informations sur les futures attaques du 11 Septembre : la justice refusa d'en entendre parler[456]. La fuite la plus énorme est celle du responsable de l'ensemble des services secrets américain, Richard Clarke, révélant dans une interview de 2009 que le chef de la CIA lui avait dissimulé des informations qui auraient permis d'empêcher les attentats (voir chapitre 6)[457], témoignage fondamental que les médias n'ont pas jugé nécessaire de diffuser.

Richard Clarke semble même avoir tenté d'organiser une fuite quelques semaines avant le 11 Septembre. Judith Miller, ancienne journaliste du *New York Times*, lauréate du prix Pulitzer pour ses articles sur Ben Laden et Al Qaida, rapporte qu'en juillet 2001 elle a été informée, par une source *au plus haut niveau* de la Maison Blanche, que la NSA avait intercepté une conversation entre deux membres d'Al Qaida.

Ceux-ci regrettaient que les Etats-Unis n'aient « pas réagi plus fermement à l'attentat contre le USS Cole ». L'un d'eux ajoutait : «T'en fais pas ; nous organisons quelque chose de si

---

[455] "MIDDLE EAST-OKC CONNECTION David Schippers tells Metcalf feds 'ignored' warnings of WTC attacks", Worldnet daily, 21/10/2001.
[456] "Ex-FBI agent admits giving out 9/11 data", ASSOCIATED PRESS, 5/1/2005
[457] Interview de Richard Clarke diffusée en 2011 : *www.youtube.com/watch?v=bl6w1YaZdf8*

énorme que les Etats-Unis *devront* répondre ».[458] On notera l'attitude surprenante de ces attaquants qui souhaitent une riposte sévère (comme celles que la Maison Blanche allait lancer en Afghanistan et en Irak...)[459].

Judith Miller eut l'impression que ce tuyau avait pour but de faire pression sur le Président pour le forcer à réagir. Elle et son rédacteur en chef[460] regrettent d'avoir pensé qu'ils ne disposaient pas d'éléments assez précis pour publier cette information, qui aurait pu renverser le cours de l'Histoire.[461] Le manque de discernement de cette journaliste apparut plus tard, lorsqu'elle publia une série d'articles erronés (inspirés par d'autres sources de la Maison Blanche), au sujet des armes de destruction massive (inexistantes) de Saddam Hussein.[462]

Il existe de bonnes raisons de penser que la source de la fuite sur Al Qaida était Richard Clarke, pressentant ce qu'il découvrira quelques semaines plus tard : les services de renseignement connaissaient parfaitement les préparatifs des attentats. Rappelons sa réaction à l'égard des services de renseignement le 11 Septembre: « Si vous savez [que les pirates de l'air] font partie d'Al Qaida, comment ont-ils pu monter dans les avions? »[463]

En ce qui concerne les risques de fuites du côté des *exécutants* d'actes terroristes, ceux-ci peuvent être manipulés sans savoir dans quelle pièce ils jouent, quitte à les éliminer s'ils deviennent gênants.

Morten Storm – ex-islamiste « retourné », agent des services danois, anglais et américains - découvrit *in extremis* que la CIA voulait l'éliminer au Yémen en septembre 2011, après

---

[458] The 9/11 Story That Got Away, *Alternet*, 17/5/2006

[459] On se rappelle la petite phrase de Bush le 11 septembre : « Il semble qu'on ait une petite guerre en cours ici... Quelqu'un va payer » (9/11 Commission Report, p.39).

[460] L'éditeur Stephen Engelberg confirme le récit de Judith Miller dans la *Columbia Journalism Review* (octobre 2005).

[461] Rory O'connor, William Scott Malone, The 9/11 Story That Got Away, *Alternet*, 17/05/2006.

[462] *http://nymag.com/nymetro/news/media/features/9226/*

[463] 9/11: The Day That Changed the World, documentaire, 2011

qu'il ait lui-même permis d'éliminer Anwar Al-Awlaki, ennemi public n°1 des Etats-Unis (après l'élimination de Ben Laden), ce qui fait penser à un grand jeu de dominos.[464] D'autres islamistes sont torturés jusqu'à en perdre la raison ou enfermés à vie au secret sans jugement, comme Ali Mohamed (sans que rien ne prouve qu'il soit enfermé).

L'argument de bon sens selon lequel un complot impliquant l'administration américaine aurait nécessité un trop grand nombre de participants est inexact. Les auteurs des attaques n'étaient pas nombreux et, comme le précisait George Tenet, certains jouent un rôle purement physique, sachant tout au plus qu'ils participent à une mission suicide.

Au niveau des services de renseignement, nous avons vu comment ceux qui auraient dû savoir pour accomplir leur mission étaient tenus à l'écart. Au niveau des dirigeants politiques, le nombre de participants conscients peut être minime. Il ne s'agit pas de l'ensemble du gouvernement Bush. Nous avons vu comment le Secrétaire d'Etat Colin Powell a été trompé par Dick Cheney, au sujet des armes de destruction massives et des liens supposés de Ben Laden avec l'Irak. Trompé sur les objectifs de la Maison Blanche consécutifs au 11 Septembre, on peut penser que Colin Powell n'était pas dans le secret des événements antérieurs. Le précédent historique de l'Opération Cyclone, ainsi que d'autres, montrent que des opérations secrètes à l'étranger peuvent être menées à l'insu du Secrétaire d'Etat, théoriquement responsable de la politique étrangère.

Quant à Condoleezza Rice, Conseillère nationale à la sécurité, elle décrit dans ses mémoires la désinvolture avec laquelle la traitait Donald Rumsfeld, qui lui dit un jour: « Vous êtes intelligente et dévouée, *mais il y a quelque chose ne va pas…* », ce qui, selon elle, signifiait qu'il ne la considérait pas

---

[464] Morten Storm, *Agent au cœur d'Al Qaida*, Pocket 2016

comme une égale. [465] Il ne la considérait sans doute pas comme un vrai faucon, et l'éclairage que je porterai plus loin sur la personnalité de Rumsfeld permet de se demander si « ce qui n'allait pas », c'est qu'il ne la jugeait pas suffisamment cynique. Richard Clarke a souligné que la présence connue de deux des futurs pirates de l'air aux Etats-Unis n'a pas été mentionnée, lors d'une réunion de la Maison Blanche incluant Condoleezza Rice, quelques semaines avant les attaques. [466] La verticale du pouvoir ne passait manifestement pas par ces deux personnages.

---

[465] "You're obviously bright and committed, but it just doesn't work." She took the word "bright" to mean he did not view her as an equal". Cfr: "In Memoir, Rice Tells of Clashes With Cheney", *New York Times*, 22/10/2011

[466] *Interview de Richard Clarke : www.youtube.com/watch?v=bl6w1YaZdf8*

14 LE PRESIDENT FANTÔME

Tout le monde voit ce que vous paraissez ; peu connaissent à fond ce que vous êtes, et ce petit nombre n'osera point s'élever contre l'opinion de la majorité soutenue encore par la majesté du pouvoir souverain.

Nicolas Machiavel, Le Prince

La torture a pour objet la torture.
George Orwell, 1984

On a vu que selon l'ancien directeur de cabinet de Colin Powell, « le Président Bush abandonnait la plupart des décisions critiques à son Vice-président et à son secrétaire à la Défense ».[467] Le véritable leadership se trouvait entre les mains de Rumsfeld et Cheney, ou même de Rumsfeld seul, si l'on y regarde de plus près.

La relation entre Rumsfeld et Cheney remonte à plus de trente ans. Donald Rumsfeld a été engagé par le Président Nixon en 1968, pour s'occuper du programme contre la pauvreté. Paradoxalement, il fut choisi pour son *hostilité* à ce programme (instauré par Lyndon Johnson) que Nixon voulait saborder.

Rumsfeld engagea à ce moment un jeune assistant, Richard Cheney : « Les observateurs des premières années de cette relation n'avaient aucun doute sur sa dynamique interne : Rumsfeld dirigeait, Cheney obéissait ». Tout le monde remarquait « l'attitude servile de Cheney face à son bouillant

---

[467] Andrew Cockburn, *Rumsfeld, his Rise, Fall and Catastrophic Legacy*, 2007, p.17-18

patron ».[468] Nommé en 1975 secrétaire à la Défense par Gerald Ford, successeur de Nixon, Rumsfeld fit nommer son jeune protégé Dick Cheney directeur de cabinet à la Maison Blanche. Nul doute que ce rapport de domination persistait au sein du cabinet Bush en 2001.

Rumsfeld avait également beaucoup d'ascendant sur le Président. « Il pouvait parler au Président comme personne d'autre ne pouvait le faire » se rappelle un ancien officiel de la Maison Blanche.[469] Il était capable de le contredire et de le faire changer d'avis en public. Il pouvait également passer au-dessus des décisions du Président. On l'a vu lors d'une controverse avec Colin Powell sur le trafic de drogue, aux confins de la politique et de l'éthique - comme la controverse entre Rumsfeld et Condoleezza Rice sur le traitement des prisonniers de la guerre à la terreur, évoquée précédemment.

Au cours de leur dernière année au pouvoir, les Talibans avaient mis fin à la production d'opium en Afghanistan.[470] Cette production reprit fortement après l'intervention américaine, de 2002 à 2004. Les officiers du département d'Etat chargés du contrôle des narcotiques proposèrent des plans d'éradication de la culture d'opium auxquels Hamid Karzai — le dirigeant mis en place par les Américains - et Rumsfeld lui-même s'opposaient.[471] Un adjoint de Rumsfeld déclara que pour le Pentagone: « La lutte contre le trafic de drogue ne fait pas partie de la guerre à la terreur ». Colin Powell convainquit George Bush qu'il fallait arrêter le désastre de l'opium, affirmant qu'il « ne sacrifierait plus la vie d'un Américain pour un narco-état ». Bien que Bush ait exprimé son accord avec Colin Powell à ce sujet, Rumsfeld ne fit rien pour freiner la produc-

---

[468] Ibid.

[469] Cockburn, p.135

[470] "Taliban's Ban On Poppy A Success, U.S. Aides Say", *New York Times, 20/5/2001*

[471] Alain Lallemand, « Karzaï a rouvert l'autoroute de l'héroïne », *Le Soir,* 21/10/2010

tion d'opium des seigneurs de guerre soutenus par les Etats-Unis.[472]

Rumsfeld participait chaque matin aux réunions avec le Président Bush, mais il le voyait aussi le soir et même plusieurs fois par jour.[473] Une fois par semaine au moins, il se faufilait à la Maison Blanche – comme un *Président fantôme* - pour des réunions secrètes avec le Président. Il fallut un an pour que Colin Powell s'en aperçoive.[474] Il parlait à Bush comme à un enfant. Lors d'une réunion où certains proposaient que l'on donne un statut légal aux prisonniers de Guantanamo, Rumsfeld arriva en retard et déclara : « Monsieur le Président, je n'ai pas eu le temps de lire tous ces mémos, mais ces prisonniers sont de "mauvais hommes" (*bad men*) et nous devons le faire savoir ». « Oui, répondit-le Président, ce sont de "mauvais hommes" et il faut lancer la communication à ce sujet ». Le statut légal des prisonniers fut encore une fois suspendu.[475]

Comme l'Afghanistan était une zone de guerre, et Guantanamo une base militaire, il pouvait sembler presque raisonnable que Rumsfeld dicte la politique sur ces sujets. Mais au début de 2002, son pouvoir s'étendait au-delà. "Il a le contrôle exclusif d'un domaine où il peut dépenser la moitié du budget discrétionnaire du gouvernement américain", m'expliquait un officiel de la Maison Blanche, et il a un droit de veto sur toutes les décisions de politique étrangère. Vous imaginez sa puissance ?"[476].

Un incident révèle à quel point Rumsfeld pouvait maintenir le Président lui-même dans l'obscurité. Lors de sa visite au centre de commandement américain au Quatar en juin 2003, Bush demanda où se trouvaient les armes de destruction massives de l'Irak, et *qui* était en charge de les trouver (ce

---

[472] Cockburn, p.132
[473] Cockburn, p.128
[474] Cockburn, p.178
[475] Cockburn, p.135
[476] Cockburn, p.136

qui montre qu'il y croyait) : il ne s'agissait ni de Paul Bremer, administrateur de la région, ni du général Tommy Franks, chef d'état major, mais de Stephen Cambone… l'aide le plus proche de Rumsfeld à Washington,.[477]

La folie Rumsfeld

On ne peut éviter de se demander qui est, psychologiquement, l'homme qui accumula tant de pouvoirs. Sa jeunesse ne semble rien livrer de particulier. Des parents de classe moyenne, chaleureux, sociables. Pas de père alcoolique ni de mère dépressive… Bonne école, diplôme de sciences politiques à Princeton, trois années dans la Marine, amateur de lutte sportive. Il entre dans la politique à 30 ans, et manifeste rapidement des dons pour les intrigues de couloir. Rien qui sorte de l'ordinaire…

Le plus remarquable est sa volonté d'en découdre, qui peut être féroce. Nixon a dit de lui – non sans admiration : « C'est un petit bâtard sans pitié. Vous pouvez en être certain. »[478] Un ancien commandant en Irak déclarait : « Il est méprisant, dédaigneux, arrogant et il n'écoute pas. »[479] Il méprisait également les faits gênants. Lorsque les troupes américaines constatèrent, jour après jour, l'absence totale des armes de destruction massive inventées par Rumsfeld, comme prétexte à l'invasion de l'Irak, Rumsfeld s'exclamait : « Elles *doivent* être là », et il jetait les rapports à la tête de ceux qui les lui amenaient.[480]

Dans la vie réelle, jusqu'en 1986, il tenta à plusieurs reprises et sans succès, de réaliser son ambition dévorante de *devenir Président des Etats-Unis*[481]. A titre de compensation, il participait depuis les années 1980 à des jeux de guerre ultra

---

[477] Massimo Calabresi and Timothy J. Burger, "Who lost the WMD?" *Time*, 7/7/2003.
[478] The Halderman Diaries, 1994, p.169
[479] Cockburn, p.215
[480] Cockburn, p.181
[481] Cockburn, p.78-81

secrets simulant d'abord des attaques nucléaires, ensuite des attaques terroristes. Il faisait partie de ceux qui pourraient être appelés à remplacer le gouvernement en cas d'attaque sur les Etats-Unis.

Régulièrement, il disparaissait sans explication de ses bureaux. Un transport militaire l'amenait à un quartier général secret du réseau COG, où il passait plusieurs jours en jouant à la 3e Guerre mondiale « enfermé dans des cavernes artificielles, au milieu d'écrans simulant les désastres et la confusion ».[482] C'est peut-être là qu'est née l'idée de la caverne *high-tech* de Ben Laden.

Les groupes participant à ces exercices étaient confrontés à deux tâches: réorganiser le pays et riposter aux attaquants. La première était la plus urgente mais, selon ses partenaires de jeu, elle intéressait peu Rumsfeld : « Il voulait toujours déclencher la riposte le plus rapidement possible - se rappelle un ancien officiel du secrétariat à la Défense -, et il choisissait toujours l'option la plus extrême (...) Il voulait déclencher le maximum de puissance nucléaire ».[483]

En 2004, Donald Rumsfeld proposa de rebaptiser la « guerre contre le terrorisme », « insurrection mondiale », en précisant qu'elle n'aurait « *pas de point final »,* contrairement aux autres guerres[484].

Ce personnage de va-t-en guerre, évoquant le Docteur Folamour incarné par Peter Sellers dans la tragi-comédie satirique de Stanley Kubrick en 1964, prêterait à sourire s'il n'avait acquis la puissance évoquée plus haut, à la tête de l'armée la plus puissante du monde. Mais le « danger Rumsfeld » apparaît de manière encore plus flagrante dans sa cruauté et son absence de remords.

Lorsque les prisonniers commencèrent à arriver dans l'enclave américaine de Guantanamo à Cuba, en janvier 2001,

---

[482] Cockburn, p.86

[483] Cockburn, p.86

[484] « Les préjugés de Donald Rumsfeld mis en lumière par ses notes de service », *Le Monde.fr*, 1/11/2007

Rumsfeld déclara qu'il s'agissait de « combattants illégaux » qui n'avaient pas droit au respect des Conventions de Genève. Or celles-ci protègent tous les prisonniers d'un conflit armé international, même s'ils n'ont pas le statut de prisonniers de guerre.[485] Personne ne jugea utile de le contredire, tant sa puissance était absolue.

> *Dans une argumentation légale mainte fois répétée, les avocats de l'administration soutenaient que Rumsfeld était autorisé à maintenir en détention dans son système de prisons en extension rapide n'importe quel individu considéré comme "ennemi combattant".[486]*

C'est ainsi qu'il s'occupa personnellement de José Padilla, un Portoricain détenu pendant trois ans dans une cellule de deux mètres sur trois, enchaîné au sol et réveillé la nuit à l'aide de lumières et de bruits violents.[487]

Rumsfeld suivait les interrogatoires et les tortures des prisonniers sur les écrans vidéo de son bureau. C'est lui qui décidait quand les interrogateurs devaient utiliser des « positions de stress » : obliger le prisonnier à rester debout pendant quatre heures, exploiter leurs phobies individuelles, comme celle des chiens, les déshabiller, les interroger pendant 28 heures d'affilée sans leur permettre de dormir, ou leur enrober la tête d'un linge mouillé pour les faire suffoquer (*waterboarding*). Rumsfeld semblait se réjouir de ces jeux vidéo particuliers. En signant un mémo approuvant ces méthodes, il ajouta de sa main : « Pourquoi limiter la station debout à 4 heures ? Je reste debout 8 à 10 heures par jour».[488]

Tandis que la guerre en Irak s'embourbait, Rumsfeld décida que pour améliorer la qualité du renseignement, il fallait traiter les prisonniers de la prison d'Abu Ghraib en Irak comme ceux de Guantanamo. La brigadière générale Janis Karpinski, commandant suprême des prisons militaires en

---

[485] Cockburn, p.129
[486] *Washington Post*, 16/12/2006
[487] Cockburn, p.136
[488] Cockburn, p.142

Irak à l'époque, se souvient d'avoir reçu la mise en garde suivante : « Si vous permettez aux prisonniers de croire à un moment quelconque qu'ils sont plus que des chiens, vous perdrez leur contrôle ».[489]

Chacun se souvient des photos des tortures d'Abu Ghraib, parues dans la presse en avril 2004. Les enquêtes qui ont suivi ont conclu que personne au dessus du grade de colonel n'était responsable des faits. Un mémorandum signé par Rumsfeld a pourtant été retrouvé dans la prison, autorisant des techniques d'interrogatoires comme l'usage de chiens, les « positions de stress », la musique tonitruante, la privation de nourriture, l'éclairage permanent, etc., avec une note de la main de Rumsfeld : « Veillez à ce que tout cela soit appliqué ! »

Il serait superficiel de s'en tenir au plaisir que semblait éprouver Rumsfeld. Ces techniques d'interrogatoires ont été introduites aux Etats-Unis en s'inspirant de procédures utilisées par les services de renseignement communistes durant la guerre froide.[490] Or ces techniques visaient surtout à produire de *fausses confessions*.

La torture des « ennemis combattants », plutôt que de viser à obtenir des renseignements, pouvait au contraire avoir pour but de susciter de faux témoignages (pour justifier l'invasion de l'Irak, par exemple), ou de brouiller les pistes. On se souvient des confessions farfelues de Khalid Sheikh Mohamed, considéré comme responsable « de A à Z » du 11 Septembre, ainsi que de tentatives d'assassinat des Présidents Carter, Clinton et du Pape.[491]

Une autre erreur de jugement consisterait à projeter nos propres capacités d'empathie sur un homme aux nerfs glacés

---

[489] Cockburn, p.194

[490] Kevin Fenton, *Disconnecting the Dots, How CIA and FBI officials helped enable 9/11 and evaded government investigations*, Independent Publishers Group, Chicago 2011., p.113

[491] Suspected Leader of 9/11 Attacks Is Said to Confess, *New York Times*, 15/3/2007

comme Rumsfeld : les faucons sont féroces. A l'encontre de nos illusions démocratiques, il n'est pas inconcevable qu'un individu animé d'une telle violence et d'un tel cynisme puisse sacrifier 3.000 civils pour une cause qu'il juge importante. Surtout s'il considère que ces civils sont pervertis par « une culture fixée sur les loisirs de masse, dominée par l'hédonisme individuel et l'évasion sociale... incompatible avec l'exercice d'un pouvoir impérial à l'étranger », comme l'écrivait son maître à penser Zbigniew Brezinski[492]. Dans ce cas, le cynisme n'est pas seulement un trait de caractère, mais aussi une forme de pensée politique visant à accentuer le déclin d'une société pour qu'elle se ressaisisse.

Trois mille c'est aussi le nombre de soldats américains tués en Irak, sans compter les 10.000 mercenaires et les 100.000 civils irakiens disparus. Le terme de *cause importante* que j'ai utilisé renvoie à une rationalité, alors qu'ici il faudrait plutôt parler de la *folie* de Rumsfeld.

Une folie qui s'est imposée au monde par des procédés discursifs remarquables. Tout d'abord, *le mensonge*, procédé le plus banal. Rumsfeld aime citer Churchill : « En temps de guerre, la vérité est si précieuse qu'elle devrait toujours être protégée par un rempart de mensonges ». Rumsfeld appliquait le précepte selon lequel plus c'est gros, mieux ça passe, en laissant croire par exemple que Ben Laden disposait d'un quartier général ultra-sophistiqué au fond des grottes de Tora Bora. De même, au moment où les forces spéciales américaines ont laissé Ben Laden s'échapper de son repaire, Rumsfeld prétendit qu'il était « aussi difficile à trouver qu'une aiguille dans une botte de foin ».[493] Ce mensonge était redoublé par l'argument selon lequel « une trop forte présence américaine dans cette région risquait de se retourner contre les Etats-Unis. »[494]

---

[492] Zbigniew Brzezinski, *The Grand Chessboard: America Primacy And Its Geostrategic Imperatives*, 1997, pp.211-212
[493] Michel Chossudovsky, Center for Research on Globalisation, 2/11/2001
[494] *Nouvelobs.com*, 29/11/2009

La *confusion* est un autre procédé par lequel on désoriente la réflexion. En réponse à une question sur l'absence de preuves liant le gouvernement irakien aux terroristes, Rumsfeld énonça cette phrase célèbre :

Les rapports selon lesquels une chose n'existe pas m'intéressent toujours car, comme nous le savons, il y a des choses connues connues ; des choses que nous savons que nous savons. Nous savons aussi qu'il existe des inconnues connues ; c'est-à-dire des choses que nous savons que nous ne savons pas. Mais il existe aussi des inconnues inconnues — des choses que nous ne savons pas que nous ne savons pas... [495]

Rumsfeld rééditait, sur le mode comique, l'argument de Socrate, qui se sentait supérieur aux hommes politiques parce qu'il ne pensait pas savoir ce qu'il ignorait, contrairement à eux qui s'imaginent savoir sans savoir.

Ce procédé s'apparente à celui du prestidigitateur qui *endort l'attention* des spectateurs pour rendre le visible invisible. Un prestidigitateur joue cartes sur table et crée une sorte de *transparence opaque*. Ses actes produisent une *impression* qui remplace la réalité. Que Rumsfeld ait transformé son abandon de poste scandaleux du 11 Septembre, en un acte de gloire relève d'un tel procédé.

Procédé qui se rapproche de celui consistant à *feindre la sottise*. Rumsfeld déclare qu'il rejoignit son poste de commandement (avec deux heures de retard) lorsque « son cerveau commença à faire le lien entre les choses », et qu'il réalisa ce qu'il fallait faire.[496] A une autre occasion, interrogé au sujet d'une faveur de 25 milliards de dollars accordée à Boeing pour fabriquer des avions de ravitaillement inutiles, Rumsfeld prétendit qu'il ne se souvenait plus de la date d'invasion de l'Irak, et qu'il « ne se rappelait pas avoir approuvé ce contrat, pas plus que de ne pas l'avoir approuvé ».[497] Déclaration qui

---

[495] *"Defense.gov News Transcript: DoD News Briefing – Secretary Rumsfeld and Gen. Myers, United States Department of Defense,* 12/02/2002
[496] Cockburn, p.5
[497] Cockburn, p.210

inclut également le procédé de la confusion.

Ajoutons à ces procédés, *le culot,* consistant à convoquer les employés du Pentagone 24 heures avant les attaques du 11 Septembre pour leur déclarer à brûle pourpoint:

> *Le sujet d' aujourd'hui est un adversaire qui représente une menace, une menace grave, pour la sécurité des Etats-Unis… L'adversaire en question vous fait peut-être penser à l'ex-Union soviétique, mais cet ennemi n'existe plus. Aujourd'hui, nos ennemis sont plus subtils et plus implacables… L'adversaire est plus près de chez nous. Il s'agit de la bureaucratie du Pentagone… Aujourd'hui nous déclarons la guerre à la bureaucratie*[498].

On peut se demander à quel point ces fonctionnaires ont pu se sentir coupables, responsables et confus le lendemain matin.

Le commentaire prémonitoire de Rumsfeld au député qui se trouvait dans son bureau du Pentagone pendant les attaques du World Trade Center, relève peut-être aussi du culot : « Croyez-moi, ce n'est pas encore fini. Il va y avoir une autre attaque et elle sera pour nous ».[499]

---

[498] "DOD Acquisition and Logistics Excellence Week Kickoff-Bureaucracy to Battlefield", Remarks by Secretary of Defense Donald H. Rumsfeld, Department of Defense website, September 10, 2001
http://www.defenselink.mil/speeches/2001/s20010910-secdef.html
[499] « Revealed : what really went on during Bush's 'missing hours' ", *The Daily Telegraph*, 16/12/2001

CONCLUSION

> *La démocratie n'est pas donnée, il faut la surveiller et demeurer vigilant.*
>
> Antonio Tabucchi

L'invasion de l'Irak était injustifiée, car Saddam Hussein ne possédait pas d'armes de destruction massive et n'avait pas de rapports avec Ben Laden. Stratégiquement, c'était une guerre inutile. La chute de Saddam Hussein a engendré une instabilité de la région qui n'a fait que s'aggraver en quinze ans.[500] Cette guerre pour le pétrole s'est aussi révélée économiquement inutile.

> *L'instabilité politique et la violence déclenchées par l'invasion ont torpillés les plans occidentaux d'exploitation des richesses naturelles de l'Irak. Cette instabilité a affecté les réparations de l'infrastructure pétrolière de l'Irak, entravant encore plus le taux d'extraction.[501]*

Dix ans plus tard, « les Chinois sont les plus grand bénéficiaires du boom pétrolier post-Saddam en Irak »[502], car leurs besoins énergétiques priment sur la recherche du meilleur prix.

Par contre, la guerre fut très profitable à l'industrie de l'armement. A la fin du règne de Rumsfeld, en 2006, le budget

---

[500] Woody Allen exprime le sentiment général en parlant de « guerre débile» (« *Bush's moronic war in Iraq* »), Midnight in Paris, 2011

[501] "Who Controls Iraq's Oil?, *Werewolf*", 27/3/2013

[502] "China Is Reaping Biggest Benefits of Iraq Oil Boom", *New York Times*, 2/6/2013

annuel de la défense des Etats-Unis s'élevait à 700 milliards de dollars.[503] Le prix Nobel d'économie Joseph Stiglitz évalue le coût global de l'invasion de l'Irak à 3.000 milliards de dollars, somme qui « va peser sur le budget des Etats-Unis pendant cinquante ans », et qui aurait pu servir à financer des choses primordiales [504], comme les retraites, la santé, l'éducation et l'entretien des infrastructures. A la place de tout cela, Rumsfeld proclamait le 11 septembre 2001: « Il est urgent pour ce pays d'augmenter les dépenses consacrées à sa défense et s'il le faut puiser dans les fonds de la Sécurité sociale pour payer les dépenses militaires ».[505]

En 2010, Stiglitz établissait également l'impact de la guerre en Irak sur la crise financière :

> *La crise financière mondiale est elle aussi due, en partie, à la guerre. Avec la hausse des cours pétroliers, les Etats-Unis ont dû dépenser davantage pour s'approvisionner à l'étranger et c'est autant d'argent qui n'a pas pu être investi dans le pays. De surcroît, les dépenses de guerre étaient moins aptes à stimuler l'économie que d'autres types de dépenses. Le relâchement de la politique monétaire et de la réglementation financière a permis à l'économie de fonctionner jusqu'à l'éclatement de la bulle immobilière qui a provoqué son effondrement.[506]*

Avec l'invasion de l'Irak, Bush et Rumsfeld sont parvenus à imposer la notion de « guerre préemptive » ou préventive. Selon cette théorie, il ne fallait pas attendre les preuves de l'existence d'armes de destruction massives en Irak. Il fallait attaquer avant que ces armes hypothétiques puissent provoquer un 11 Septembre de plus grande ampleur.

Dans un timing et un décorum calculé, lors du premier

---

[503] Cockburn, p.207

[504] Joseph E. Stiglitz, *Une Guerre à 3.000 milliards de dollars*, 2008

[505] September 11, 2001 : Attack on America DoD News Briefing on Pentagon Attack 6:42 p.m. EDT; September 11, 2001
http://avalon.law.yale.edu/sept11/dod_brief02.asp

[506] Joseph E. Stiglitz and Linda J. Bilmes "The true cost of the Iraq war: $3 trillion and beyond", *Washington Post*, 5/9/2010 (*Courrier International*, 10/09/2010)

anniversaire des attaques du 11 septembre, le Président Bush s'adressa à la nation à partir d'Ellis Island, avec la statue de la Liberté éclairée à l'arrière-plan.[507] Il annonçait son discours à l'Assemblée générale des Nations Unies du lendemain, où il exprima la crainte « que des terroristes trouvent un moyen de réaliser leurs folles ambitions lorsqu'un régime hors-la-loi leur fournira des technologies de destruction massive ».[508]

Saddam Hussein était suspecté de livrer des armes de destruction massive qu'il ne possédait pas à Al Qaida, une organisation avec laquelle il n'avait pas de rapports. Cette double exagération de la menace terroriste visait à réaliser les objectifs de la Maison Blanche.

Tout le monde sait aujourd'hui que Ben Laden a servi de prétexte pour envahir l'Irak. Mais si Bush a menti sur les liens de Ben Laden avec l'Irak, pourquoi n'aurait-il pas menti sur la menace globale que ce dernier représentait ? On se rappelle que les Talibans avaient proposé de livrer Ben Laden aux Américains, et que ceux-ci ont refusé à plusieurs reprises de l'éliminer.

Admettre ceci entraînerait l'effondrement du mythe Ben Laden – grand organisateur des attentats du 11 Septembre depuis sa caverne high-tech, que les Etats-Unis ne pouvaient pas stopper – ainsi que la démystification de la guerre contre la terreur.

Si la vérité officielle sur Ben Laden n'est qu'un mensonge, il est peut-être temps d'en finir avec cette mythologie. Si Ben Laden n'a rien à voir avec l'Irak, et moins qu'on le pense avec l'Afghanistan, il n'est peut-être pas le grand démiurge des attaques du 11 Septembre, dont il n'a d'ailleurs *jamais été formellement accusé.*

---

[507] Western Jon W., *Selling Intervention and War. Presidency, the Media, and the American Public,* Baltimore, The Johns Hopkins University Press, 2005, p.202
[508] "George Bush's speech to the UN general assembly", *The Guardian,* 12/9/2002

Budget militaire en expansion

Depuis l'effondrement du communisme, le terrorisme est devenu la bête noire du camp occidental. Comme le danger soviétique, le danger terroriste pourrait être surévalué afin de justifier des budgets militaires en expansion constante. On l'a vu dans lors des simulations de guerre du COG (Continuity of Government), où le terrorisme était conçu comme un danger aussi important que le communisme. On l'a observé aussi en Irak et dans l'évolution du budget militaire.

Ainsi qu'un analyste du bureau de planification du Pentagone en témoignait au Congrès, le budget de la Défense prévu pour 2003 – en tenant compte de l'inflation – était plus élevé que le budget moyen des années de guerre froide, «où l'Amérique était confrontée à la superpuissance soviétique équipée de sous-marins nucléaires, et non à un réseau de terroristes criminels fondé par un fanatique millionnaire saoudien anti-américain ».[509]

Un ancien responsable des opérations secrètes de la CIA en Afghanistan, Milton Bearden, déclarait :

Simplifier à l'extrême et établir un lien entre lui [Oussama Ben Laden] et tous les actes terroristes de la décennie écoulée est une insulte à [l'intelligence de] la plupart des Américains… Il y a beaucoup de fiction dans tout ça. C'est toute la mythologie d'Oussama ben Laden. Ça fait partie du spectacle. Nous n'avons pas d'ennemi national. Nous n'avons plus d'ennemi national depuis que l'Empire du Mal [l'URSS] a sombré en 1991.[510]

Si les faucons du gouvernement ont exagéré le danger communiste pour renforcer la puissance militaire américaine, on peut concevoir qu'ils fassent de même avec la menace ter-

---

[509] Statement by Franklin C. Spinney before Subcommitte on Natioanl Security Veterans Affairs and International Relations, Government Reform Committee, US House of Representatives, 4/6/2002, cite par Cockburn, p. 207
[510] Frontline, interview Milton Bearden, *www.pbs.org/wgbh/pages/frontline/shows/binladen/interviews/bearden.html*

roriste, quitte à lui donner un coup de main, comme les Etats-Unis l'ont fait par rapport au danger communiste en Europe, avec les réseaux Gladio et la stratégie de la tension, ou envisagé de le faire avec l'Opération Northwoods. Manière d'être sûr que cette menace ne connaisse « pas de point final », comme l'annonçait Donald Rumsfeld.

Des informations récentes montrent que cette politique d'instrumentalisation de l'islamisme persiste dans le conflit syrien. Un document de la DIA (Defense Intelligence Agency), déclassifié grâce à l'association Judicial Watch, indique que « les forces d'opposition [Salafistes, Frères musulmans, et Etat islamique] essaient de contrôler la région Est (…) Les pays occidentaux, les Etats du Golfe et la Turquie *soutiennent ces efforts* »[511]. Le Président Obama a autorisé la CIA à armer et à former des rebelles dans le cadre du programme *Timber Sycamore*, et l'Arabie saoudite finance cette guerre secrète de la CIA à hauteur de plusieurs milliards de dollars[512].

Failles des agences de renseignement

En achevant son enquête sur le 11 Septembre en 2002, le Congrès a demandé à la CIA de déterminer « si et dans quelle mesure son personnel pouvait être tenu, à tous les niveaux, pour responsable de l'échec à empêcher les attaques du 11 Septembre.[513]

Le rapport de l'inspecteur général de la CIA en 2004 « identifiait une série de responsables actuels ou anciens qui pourraient faire l'objet d'une procédure disciplinaire imposée par un Comité de Responsabilité de la CIA ».[514] Étaient notamment cités l'ancien directeur de la CIA George Tenet, son

---

[511] Defense Intelligence Agency: "Establish a Salafist Principality in Syria", Facilitate Rise of Islamic State "In Order to Isolate the Syrian Regime" Declassified DIA document, Global Research, 22/5/2015
[512] *U.S. Relies Heavily on Saudi Money to Support Syrian Rebel, NewYork Times,23/1/2016*
[513] *New York Times, 14/9/2004*
[514] *Newsweek, 24/10/2004*

ancien chef des opérations James Pavitt et l'ancien chef du centre sur le contre-terrorisme.

Mais ce rapport a été classifié. Les membres de la Commission d'enquête sur le 11 Septembre ne purent le consulter, malgré que le but commun de ces enquêtes était la recherche de la vérité. Même les membres du Comité d'enquête du Sénat et du Comité du Sénat sur le Renseignement n'ont pas été autorisés à voir ce rapport.

La CIA se comportait donc comme un Etat dans l'Etat. Le nouveau directeur de la CIA, Porter Goss (de 2004 à 2006), avait pourtant été co-président du Comité d'enquête de la Chambre et du Sénat qui réclamait ce rapport. De manière paradoxale, il s'opposa ensuite à sa divulgation, comme si la culture de l'institution l'emportait sur la culture démocratique.[515] Le prétexte tacite était un refus de dévoiler le rapport avant l'élection présidentielle de 2004. Pourtant, il est resté tout aussi secret après la réélection de George Bush.

En août 2007, un résumé en 20 pages (sur plusieurs centaines) fut rendu public. On découvrit que 50 à 60 officiers de la CIA connaissaient la présence des deux pirates de San Diego, Alhazmi et Almihdhar. Aucun de ces officiers n'a prévenu le FBI, chargé des menaces intérieures aux Etats-Unis. Le résumé du rapport ne cite aucun nom, mais énumère les fonctions des plus hauts dirigeants de la CIA. Aucun d'entre eux n'est pourtant passé devant une Commission ou n'a fait l'objet d'une procédure disciplinaire.[516] Au contraire, l'inspecteur général de la CIA John L. Helgerson, auteur du rapport, a fait l'objet d'une enquête illégale de la part du directeur de la CIA.[517]

Ces révélations seront peut-être rendues publiques 40 ou 50 ans après les faits, comme ce rapport sur les abus de la CIA rédigé après le scandale du Watergate en 1973, publié seulement en 2007, qui dévoilait des tentatives d'assassinats

---

[515] *Los Angeles Times*, 19/10/2004

[516] "CIA Lays Out Errors It Made Before Sept 11", *New York Times*, 22/8/2007

[517] "Watchdog of CIA Is Subject Of CIA Inquiry", *New York Times*, 11/10/2007

de chefs d'Etat (y compris Castro et Lumumba), la surveillance illégale de citoyens et de journalistes, et des emprisonnements abusifs.[518]

La direction du FBI également a bloqué les enquêtes sur Al Qaida. On se souvient que le propriétaire de l'appartement où logeaient Alhazmi et Almihdhar était un informateur du FBI, qui n'a pas été autorisé à témoigner devant le Comité de la Chambre et du Sénat. Par ailleurs, les sénateurs et députés enquêtant sur les failles du FBI ont été soumis à des pressions du FBI, qui les a soumis au détecteur de mensonge et à une surveillance de leurs communications téléphoniques et de leur agenda. Comme l'a déclaré le sénateur John Mc Cain : « Vous avez une organisation qui constitue des dossiers sur ceux qui enquêtent sur cette organisation ». Un autre sénateur a dit : le FBI « essaye d'étouffer notre enquête et je pense qu'ils y arriveront ».[519]

D'un point de vue sécuritaire, on ne voit pas ce que la CIA ou le FBI perdraient à analyser leurs erreurs passées - *sauf s'ils les perpétuent* - et on ne voit pas qui a intérêt à couvrir ceux qui ont commis ces erreurs. Si ces derniers n'ont pas été sanctionnés, il faut craindre qu'ils soient protégés et que leurs « erreurs » résultent d'une politique délibérée, dans la continuité de la stratégie de la tension islamiste pratiquée par les Etats-Unis depuis les années 1970. On peut craindre aussi que l'Etat public américain ait perdu le contrôle de ses services de renseignement, qui tiennent dans l'ignorance les élus et les citoyens.

Les quatre pouvoirs

La théorie classique enseigne qu'il existe, en démocratie, trois pouvoirs: l'exécutif, le législatif et le judiciaire. Leur indépendance garantit les libertés individuelles. De nom-

---

[518] « La CIA dévoile ses "bijoux de famille" », *Le Monde* 27/06/07
[519] Washington Post, 3 et 24/8/2002 ; Associated Press, 29/8/2002; Cités par David Ray Griffin, *The New Pearl Harbor*, p.148

breuses situations pratiques montrent que cette indépendance théorique n'est pas respectée. Ce sont des entorses à la démocratie.

Mais on peut se demander si le principe démocratique n'est pas plus profondément miné par l'existence d'un *quatrième pouvoir*, non reconnu – celui des services secrets – face auquel les trois autres finissent souvent par plier. Dans ce cas, il devient le *vrai pouvoir,* insaisissable car sans statut officiel, qui s'insinue entre les autres. Un pouvoir pervers, pour lequel l'Autre apparaît toujours comme un adversaire, et dont la fonction – plutôt que d'assurer la sécurité – est d'entretenir le danger.

Plutôt que de favoriser la paix mondiale, la chute du mur de Berlin en 1989 a été suivie d'une nouvelle paranoïa : une guerre interminable contre le terrorisme, qui pervertit notre quotidien. Puissions-nous un jour nous réveiller de ce cauchemar.

BIBLIOGRAPHIE

Anonymous (Michaël Scheuer), *Through Our Ennemies' Eyes, Obama bin Laden, Radical Islam, and the Future of America*, Brassey's, Washington, 2002

Ba, Mehdi, *11 Questions sur le 11 Septembre*, Jean-Claude Gawsewitch, Paris, 2011

Bamford, James, A Pretext for War: 9/11, Iraq, and the Abuse of America's Intelligence Agencies, 2004

Baud, Jacques, *Terrorisme mensonges politiques et stratégies fatales de l'Occident*, Editions du Rocher, Monaco, 2016.

Bergen, Peter L., *Holy War Inc., Inside the Secret World of Osama bin Laden*, The Free Press, New York, 2001

Brisard, Jean-Charles et Dasquié, Guillaume, *Ben Laden la vérité interdite*, Denoël, 2002

Brezinski, Zbigniew, *The Grand Chessboard: America Primacy And Its Geostrategic Imperatives*, 1997

Calvi, Fabrizio, *11 septembre, la contre-enquête*, Fayard, 2011

Chomsky, Noam, *Langue Linguistique Politique*, Flammarion, 1977

Clarke, Richard, *Against All Ennemies : Inside America's War on Terror*, 2004

Colby, William, *30 ans de CIA*, Presses de la Renaissance, 1978.

Cockburn, Andrew, *Rumsfeld, his Rise, Fall and Catastrophic Legacy*, 2007

Coll, Steve, *Ghost Wars: The Secret History of the CIA, Afghanistan, and Bin Laden, from the Soviet Invasion to September 10, 2001*, 2004

Collins, Aukai, *My Jihad: One American's Journey Through the World of Usama Ben Laden--as a Covert Operative for the American Government*, 2003

Cooley, John, *Unholly Wars, Afghanistan, America and International Terrorism*, Pluto Press, 2002.

Crile, George, *Charlie Wilson's War, The Extraordinary Story of the Largest Covert Opeartion in History*, Atlantic Monthly Press, New York, 2003

Curtis, Mark, *Secret Affairs Britain's Collusion with Radical Islam*, Serpent's Tail, London 2012

Davidson, Christopher, *Shadow Wars, The Secret Struggle for the Middle East*, 2016

Dreyfuss, Robert, *Devil's Game: How the United States Helped Unleash Fundamentalist Islam*, American Empire Project, 2005

Fenton, Kevin, *Disconnecting the Dots, How CIA and FBI officials helped enable 9/11 and evaded government investigations*, Independent Publishers Group, Chicago 2011

Gates, Robert, *From the Shadows*, 1996

Graham, Bob, *Intelligence Matters*, 2004

Griffin, David Ray, *The 9/11 Commission Report, Omissions and Distorsions*, Olive Branch Press, 2005.

Griffin, David Ray, *Debunking 9/11 Debunking*, Olive Branch Press, 2007

Griffin, David Ray, *9/11 Contradictions, An Open Letter to Congress and the Press*, Olive Branch Press, 2008

Griffin David Ray, *Un autre regard sur le 11 Septembre*, Editions Demi-Lune, 2011 (2008)

Hersch, Seymour, *L'élimination d'Oussama Ben Laden* (2015), Equateurs, Paris 2016

King, Gilbert, *The Most Dangerous Man in the World, Dawood Ibrahim*, Chamberlain Bros., New York, 2004.

Labévière, Richard, *Les dollars de la terreur*, Grasset, Paris, 1999

Labévière, Richard, *Les coulisses de la terreur*, Grasset, Paris, 2003

Labévière, Richard, *Vérités et mythologies du 11 Septembre*, Nouveau Monde, Paris, 2011

Lance, Peter, *C1000 Years for Revenge, International Terror and the FBI*, New York, 2004

Lance, Peter, *Cover Up, What the government is still hiding about the War on Terror*, New York, 2004

Lance, Peter, *Triple Cross*, New York, 2006

Laurent Eric, *La Face cachée du 11 septembre*, Pocket 2004

Laurent, Eric, *La Face cachée du pétrole*, Plon, 2006

Mayer, Jane, *The Dark Side: The Inside Story of How the War on Terror Turned Into a War on American Ideals*, 2009.

Meeropol, Rachel Ed., *America's Disappeared, Secret imprisonment and the 'war on terror'*, An Open Media Book, New York 2005

Miller, John C., *The Cell: Inside the 9/11 Plot, and Why the FBI and CIA Failed to Stop It*, Hyperion, New York, 2002.

Nafeez Mosaddeq Ahmed, *La Guerre contre la vérité, 11 Septembre, désinformation et anatomie du terrorisme*, Editions Demi-Lune, 2006

Posner, Gerald, *Why America Slept: The Failure to Prevent 9/11*, 2003

Powell, Colin, *J'ai eu de la chance*, Odile Jacob, 2013

Reisinger, Marc, *Opération Merah*, Editions du bord de l'eau, 2013

Rich, Frank, *The Greatest Story Ever Sold, The Decline and Fall of Truth from 9/11 to Katrina*, The Penguin Press, New York, 2006

Ruppert, Michael C., *Crossing The Rubicon*, New Society Publishers, 2004

Sanguinetti, Gianfranco, *Du Terrorisme et de l'Etat*, Paris, 1980.

Scott, Peter Dale, *La Route vers le nouveau désordre mondial*, Editions Demi-Lune, 2013

Soufan, Ali, *The Black Banners: The Inside Story of 9/11 and the War Against al-Qaeda*, 2011

Stiglitz, Joseph E., *Une Guerre à 3.000 milliards de dollars*, Fayard, 2008

Storm, Morten, *Agent au cœur d'Al Qaida*, Pocket, 2016

Suskind, Ron, *The Way of the World: A Story of Truth and Hope in an Age of Extremism*, 2008

Summers, Anthony, *Le Plus grand salaud d'Amérique J.E. Hoover, patron du FBI*, Seui,l 1995

Tenet, George, *At the Center of the Storm*, 2007

Thompson, Paul, *The Terror Timeline*, Harper, 2004

Wright, Lawrence, *The Looming Tower: Al-Qaeda and the Road to 9/11*, 2006